城市轨道交通运营管理实务

交通运输部科学研究院 编

人民交通出版社股份有限公司
北京

内 容 提 要

本书共分十章,第一章、第二章从行业管理的高度概述了城市轨道交通运营管理的目标,介绍了政府层面和运营企业层面的城市轨道交通运营管理体系;第三章至第十章从实际运营的角度,详细阐述了城市轨道交通运营单位的行车组织管理、客运服务管理、车辆及车辆基地管理、设备管理、土建设施管理、人员管理、安全管理和应急管理。

本书可供交通运输主管部门和城市轨道交通运营单位相关管理人员学习参考。

图书在版编目(CIP)数据

城市轨道交通运营管理实务/交通运输部科学研究院编.—北京:人民交通出版社股份有限公司,2020.12

ISBN 978-7-114-14829-3

Ⅰ.①城… Ⅱ.①交… Ⅲ.①城市铁路—交通运输管理 Ⅳ.①U239.5

中国版本图书馆 CIP 数据核字(2020)第 263532 号

Chengshi Guidao Jiaotong Yunying Guanli Shiwu

书　　名:	城市轨道交通运营管理实务
著 作 者:	交通运输部科学研究院
责任编辑:	姚　旭
责任校对:	赵媛媛
责任印制:	张　凯
出版发行:	人民交通出版社股份有限公司
地　　址:	(100011)北京市朝阳区安定门外外馆斜街 3 号
网　　址:	http://www.ccpcl.com.cn
销售电话:	(010)59757973
总 经 销:	人民交通出版社股份有限公司发行部
经　　销:	各地新华书店
印　　刷:	北京交通印务有限公司
开　　本:	720×960　1/16
印　　张:	13.25
字　　数:	216 千
版　　次:	2020 年 12 月　第 1 版
印　　次:	2023 年 10 月　第 3 次印刷
书　　号:	ISBN 978-7-114-14829-3
定　　价:	70.00 元

(有印刷、装订质量问题的图书由本公司负责调换)

主　　编：杨新征　杨远舟
副 主 编：冯旭杰　贾文峥　刘书浩
编写人员：胡雪霏　刘　悦　宋晓敏　李松峰　王　洋
　　　　　胡　昊　沙　茜　刘从岗　姚伟国　梁　成

根据交通运输部统计,截至2019年底,我国内地已有41个城市开通了城市轨道交通线路,运营总里程达到6172.2km,运营线路190条,车站4007座,换乘站368座。2019年完成客运量238.78亿人次,占城市客运量的18.7%,完成旅客周转量1994.90亿人·km。目前,我国城市轨道交通建设、运营和规划规模已居世界前列,且仍处于快速发展阶段,多个城市的城市轨道交通客运量占整个公共交通系统的比例超过50%,城市轨道交通在城市交通尤其是城市通勤交通中的地位愈发重要。

2019年,中共中央、国务院印发了《交通强国建设纲要》,提出要推动交通发展由追求速度与规模向更加注重质量与效益转变,由各种交通方式相对独立发展向更加注重一体化融合发展转变,由依靠传统要素驱动向更加注重创新驱动转变,打造安全、便捷、高效、绿色、经济的现代化综合交通体系。庞大的建设和运营规模、快速的增长态势对城市轨道交通行业发展提出了更高要求,高质量发展已成为新时代的主旋律。城市轨道交通运营涉及行车管理、客运管理、设施设备维护管理等诸多技术内容,系统复杂,管理难度大,做好运营管理工作,是保障城市轨道交通运营安全和高质量发展的重要保障。

本书由交通运输部科学研究院"城市轨道交通运营"创新团队编写。"城市轨道交通运营"创新团队长期从事城市轨道交通运营管理领域相关应用研究工作,先后开展了交通运输部"城市轨道交通运营监测预警和应急处置关键技术研究""城市轨道交通运营管理关键技术研究"等科研项目以及相关政策研究,在城市轨道交通运营管理政策法规、标准规范、安全管理、运营维护等方面积累了大量的调研素材和研究成果。本书注重对城市轨道交通运营管理体系以及行车、客运、设施设备、人员、安全与应急等基本业务进行系统分析和阐述,适合城市轨道交通行业管理、学术研究以及高等院校相关专业学习参考。

本书是在交通运输部城市公共交通智能化交通运输行业重点实验室完成的，在编写和出版过程中，得到了北京交通大学城市轨道交通系、人民交通出版社股份有限公司等单位的大力支持，在此一并表示衷心感谢。本书是在团队相关研究和国内外同行成果基础上编写形成的，不当之处，还请读者批评指正。

编写组
2020 年 10 月

目录

第一章　概述 …………………………………………………………… 1
第二章　运营管理体系 …………………………………………………… 3
　第一节　政府管理体系 ………………………………………………… 3
　第二节　运营企业管理体系 …………………………………………… 13
第三章　行车组织管理 …………………………………………………… 22
　第一节　总体要求 ……………………………………………………… 22
　第二节　列车运行调度 ………………………………………………… 23
　第三节　车站行车组织 ………………………………………………… 32
　第四节　车辆基地行车组织 …………………………………………… 37
　第五节　列车驾驶 ……………………………………………………… 42
第四章　客运服务管理 …………………………………………………… 47
　第一节　职责分工 ……………………………………………………… 47
　第二节　客流组织 ……………………………………………………… 48
　第三节　票务组织 ……………………………………………………… 50
　第四节　客运服务要求 ………………………………………………… 51
　第五节　相关规章制度 ………………………………………………… 54
第五章　车辆及车辆基地管理 …………………………………………… 56
　第一节　管理范围和要求 ……………………………………………… 56
　第二节　车辆检修规程 ………………………………………………… 60
　第三节　车辆检修及运用 ……………………………………………… 63
第六章　设备管理 ………………………………………………………… 66
　第一节　管理范围 ……………………………………………………… 66

第二节　工作要求 …………………………………………………… 74
　　第三节　供电系统 …………………………………………………… 81
　　第四节　通信系统 …………………………………………………… 87
　　第五节　信号系统 …………………………………………………… 93
　　第六节　综合监控系统 ……………………………………………… 100
　　第七节　环境与设备监控系统 ……………………………………… 108
　　第八节　通风、空调与采暖系统 …………………………………… 111
　　第九节　火灾自动报警系统 ………………………………………… 117
　　第十节　自动售检票系统 …………………………………………… 121
　　第十一节　站台门 …………………………………………………… 124
　　第十二节　电梯与自动扶梯 ………………………………………… 131
　　第十三节　给排水系统 ……………………………………………… 134

第七章　土建设施管理 …………………………………………………… 139
　　第一节　管理范围 …………………………………………………… 139
　　第二节　线路管理 …………………………………………………… 140
　　第三节　车站管理 …………………………………………………… 146
　　第四节　桥梁和区间隧道管理 ……………………………………… 148
　　第五节　车辆基地和附属结构管理 ………………………………… 150
　　第六节　其他工作重点 ……………………………………………… 151

第八章　人员管理 ………………………………………………………… 157
　　第一节　岗位设置 …………………………………………………… 157
　　第二节　岗位要求与资格 …………………………………………… 159
　　第三节　培训 ………………………………………………………… 160

第九章　安全管理 ………………………………………………………… 163
　　第一节　安全管理目标 ……………………………………………… 163
　　第二节　安全管理体系 ……………………………………………… 163
　　第三节　安全管理手段 ……………………………………………… 172

第十章　应急管理 ………………………………………………………… 183
　　第一节　应急管理概述 ……………………………………………… 183

第二节　应急机构和队伍建设 …………………………………… 184
　　第三节　应急预案管理 …………………………………………… 188
　　第四节　应急设备 ………………………………………………… 189
　　第五节　运营单位的突发事件应急处置 ………………………… 191
参考文献 ………………………………………………………………… 199

第一章 概 述

城市轨道交通系统是由线路、轨道等土建设施,车辆、通信、信号、供电、机电等设备,以及管理机构、人员和制度等要素组成的一个复杂系统。只有通过有效的运营管理将这些要素有机地组织起来,才能保证城市轨道交通系统的正常运转。现代化、高质量的运营管理是城市轨道交通安全畅通运行、高效科学运转的保证,更是为乘客提供优质服务的保证。

城市轨道交通运营管理的目标是通过有效的组织,利用与管理城市轨道交通系统设施设备、人员、技术和信息,有序完成城市轨道交通运营的各项日常工作,并能根据客流变化及时调整运营策略,使城市轨道交通系统得以安全、高效、科学地运营,实现最佳效能。

城市轨道交通运营管理包括城市轨道运营单位内部管理和政府对城市轨道交通运营行业的管理。其中城市轨道运营单位内部管理的内容主要包括行车组织管理、客运服务管理、车辆及车辆基地管理、设备管理、土建设施管理、人员管理、安全管理和应急管理等方面。城市轨道交通运营单位通过建立健全组织机构,制定、完善和实施安全与应急管理、行车组织、客运组织、设施设备运行维护等规章制度和操作办法,实现对城市轨道交通系统的人员、设施设备、技术、信息等资源的有效组织利用与管理,从而保证城市轨道交通系统的高效科学运转,为乘客提供安全、准时、便捷、舒适的出行服务。此外,政府对城市轨道交通运营进行宏观层面的管理,通过建立健全管理机构,制定行业管理政策、法规及标准来规范运营单位、从业人员及乘客的行为,保证投入运营的设施设备处于安全可靠状态,促进城市轨道交通行业的有序发展。

本书旨在为交通运输主管部门和城市轨道交通运营单位相关管理人员开展行业管理工作提供一些参考,内容重点是城市轨道运营企业内部管理,同时简单介绍政府对城市轨道交通运营行业的管理。

全书对城市轨道交通的运营管理体系、运营单位的行车组织、客运服务、车辆及车辆基地、设备、土建设施、人员、安全和应急等方面的管理进行了详细阐述。全书共分十章,第一章概述城市轨道交通运营管理目标、管理内容和本书框架。第二章从政府主管部门的行业管理和运营企业内部管理两个层面重点阐述了城市轨道交通运营管理体系。第三章和第四章分别阐述了城市轨道交通的系统行车组织管理和客运组织管理。行车组织管理主要包括行车组织工作的总体要求、列车运行调度、车站行车组织、车辆基地行车组织、列车驾驶等内容,并从组织架构、岗位职责、日常工作要求和应急处理要求等方面对各部分内容进行了深入阐述;客运服务管理主要包括职责分工、客流组织、票务组织、客运服务要求和相关规章制度等内容。第五章至第七章重点阐述了城市轨道交通系统设施设备的运用与维护管理。车辆及车辆基地管理主要阐述车辆及车辆基地的管理对象、车辆维修制度、作业方式和内容,以及车辆维修管理和运用配备等内容;设备管理主要阐述城市轨道交通系统设备的组成,各设备系统的用途,管理机构和人员,日常管理内容和方法,常见问题或故障等内容;土建设施管理主要阐述土建设施的管理范围,各部分(如线路、车站)管理的范围及要求、常见问题、管理制度和标准等内容。第八章至第十章分别是人员、安全和应急管理。人员管理重点阐述城市轨道交通运营单位的岗位设置、职责要求、资格管理以及人员培训等内容;安全管理重点阐述运营单位的安全管理目标、管理体系、管理手段等内容;应急管理重点阐述应急管理机构、应急队伍、应急预案、应急演练、典型突发事件的应急处置等内容。

第二章 运营管理体系

城市轨道交通运营管理是一个复杂的系统工程,政府层面的管理是通过出台政策、法规和标准等手段针对行业的共性问题和突出问题,提出方案和措施,促进行业可持续发展;企业层面的运营管理是通过人员组织管理和设施设备的维护与使用,实现乘客运输,承担社会责任,从而创造社会效益和企业经济效益。城市轨道交通运营管理方法和管理水平对完成运营目标起着至关重要的作用,也影响着城市轨道交通的可持续性发展。

第一节 政府管理体系

一、国家层面

1. 管理机构

2008年,中央"大部制"改革赋予交通运输部指导城市客运的新职能。城市轨道交通系统作为城市客运的重要方式之一,其运营管理也是交通运输主管部门的一项重要职责。目前,交通运输部运输服务司负责指导城市地铁和轨道交通运营工作,具体由城市轨道交通管理处实施。

2. 政策制定

2008年,交通运输部承担指导城市轨道交通运营管理职责后,从加强立法、完善标准、制定政策三方面入手,加强对城市轨道交通运营管理工作的指导。截至2019年底,已陆续出台了《城市轨道交通初期运营前安全评估管理暂行办法》(交运规〔2019〕1号)等9个规范性文件和4个配套规范,初步建立了运营管理体系。

1) 法规制定

2018年5月,交通运输部颁布《城市轨道交通运营管理规定》(交通运输部令2018年第8号,以下简称《规定》),自2018年7月1日起实施。《规定》明确了城市轨道交通运营基础要求、运营服务、安全支持保障和应急处置等方面的具体要求,为城市轨道交通运营管理工作指明了方向。

2)标准规范

标准化建设是加强城市轨道交通行业管理的重要抓手,"城市客运标准体系表"提出了城市轨道交通综合管理、运营服务、安全应急、设施设备等方面近40项标准规范,确定了今后一段时期标准化建设的工作思路。2013年,《城市轨道交通运营管理规范》(GB/T 30012—2013)和《城市轨道交通试运营基本条件》(GB/T 30013—2013)两项国家标准发布。《城市轨道交通运营管理规范》(GB/T 30012—2013)规定了城市轨道交通行车组织、客运组织、车辆及车辆基地、设施设备、土建设施、人员和安全管理等方面的基本要求。《城市轨道交通试运营基本条件》(GB/T 30013—2013)规定了城市轨道交通试运营的基础条件、限界、土建工程、车辆和车辆基地、运营设备系统、人员、运营组织、应急与演练和系统测试检验等方面应达到的基本要求。2019年,《城市轨道交通设施设备分类与代码》(GB/T 37486—2019)和《城市轨道交通运营指标体系》(GB/T 38374—2019)两项国家标准发布。《城市轨道交通设施设备分类与代码》(GB/T 37486—2019)规定了城市轨道交通设施设备的分类原则和编码规范,明确了城市轨道交通运营设施设备的分类和编码要求,为规范化的资产管理和维护管理奠定了基础。《城市轨道交通运营指标体系》(GB/T 38374—2019)明确了运营指标的定义及计算方法,填补了我国城市轨道交通运营领域缺乏统一技术指标的标准空白,进一步规范了城市轨道交通运营单位对标与行业监督管理。同时,交通运输部还发布了《城市轨道交通行车组织规则》(JT/T 1185—2018)等一系列行业标准,为城市轨道交通行车组织、设施设备维护、应急管理等工作提出了明确要求。这些国家标准和行业标准的出台,有力提升了城市轨道交通运营管理规范化水平,进一步完善了城市轨道交通运营管理体系。

3)行业政策

2011年印发的《关于加强城市轨道交通运营管理的通知》(交运发〔2011〕236号),要求各地交通运输主管部门和城市轨道交通主管单位要强化运输组织,加强安全管理,保障运营安全,提升服务质量。该文件指出,城市轨道交通新线开通前开展试运营基本条件评审工作的专业机构必须由省级交通运输主管部门委托,为地方交通运输主管部门履行职责和开展工作提供了政策依据。

2012年印发的《国务院关于城市优先发展公共交通的指导意见》(国发

〔2012〕64号),明确提出要高度重视城市轨道交通的运营安全,强化风险评估与防控,完善城市轨道交通试运营审核及第三方安全评估制度,该文件的出台为今后加强城市轨道交通运营行业安全管理提供了政策依据。

2014年印发的《交通运输部关于加强城市轨道交通运营安全管理的意见》(交运发〔2014〕201号),提出用3年左右时间,采取切实有效的管理措施,使运营安全管理体制机制基本完善,监管能力显著增强,管理工作显著加强,安全应急能力显著提升,乘客满意度和社会认可度显著提高。该文件在健全体制机制、加快法规标准建设、完善管理制度、深化应急能力建设、加快信息化建设、营造安全运营环境、提升运营服务水平方面提出22条措施,为城市轨道交通运营管理描绘了翔实的"路径图"。

2015年印发的《国家城市轨道交通运营突发事件应急预案》(国办函〔2015〕32号),提出了城市轨道交通运营过程中发生的因列车撞击、脱轨、设施设备故障、损毁以及大客流等情况造成人员伤亡、行车中断、财产损失的突发事件应对工作,并对组织指挥体系、监测预警和信息报告、应急响应、后期处置和保障措施等作出了明确规定。

2019年,交通运输部为规范运营安全评估工作,发布了《城市轨道交通初期运营前安全评估管理暂行办法》(交运规〔2019〕1号)、《城市轨道交通正式运营前和运营期间安全评估管理暂行办法》(交运规〔2019〕16号)2个规范性文件和《城市轨道交通初期运营前安全评估技术规范 第1部分:地铁和轻轨》(交办运〔2019〕17号)、《城市轨道交通正式运营前安全评估规范 第1部分:地铁和轻轨》(交办运〔2019〕83号)、《城市轨道交通运营期间安全评估规范》(交办运〔2019〕84号)3个配套规范。同时,在风险分级管控和隐患排查治理、设备运行维修、行车组织、客运组织、应急演练、服务质量评价等方面也进行了详细的规定,出台了《城市轨道交通服务质量评价管理办法》(交运规〔2019〕3号)、《城市轨道交通运营安全风险分级管控和隐患排查治理管理办法》(交运规〔2019〕7号)、《城市轨道交通设施设备运行维护管理办法》(交运规〔2019〕8号)、《城市轨道交通运营突发事件应急演练管理办法》(交运规〔2019〕9号)、《城市轨道交通运营险性事件信息报告与分析管理办法》(交运规〔2019〕10号)、《城市轨道交通行车组织管理办法》(交运规〔2019〕14号)、《城市轨道交通客运组织与服务管理办法》(交运规〔2019〕15号)和《城市轨道交通服务质量评价规范》(交办运〔2019〕43号）。9个规范性文件和4个配套规范的出台，基本构建了城市轨道交通运营管理制度体系。

二、地方层面

1. 管理机构

在已经开通城市轨道交通运营的省级人民政府层面，城市轨道交通运营的行业管理职责大多由省级道路运输主管机构负责。在市级人民政府层面，由于各地城市轨道交通的发展不均衡，市级人民政府交通运输主管部门对城市轨道交通系统运营管理的体制尚未全部理顺，专门负责城市轨道交通运营管理的机构设置情况参差不齐。截至2019年底，共有40个城市开通城市轨道交通运营线路，其中有的城市已经成立了专门的城市轨道交通管理机构，并隶属于市级人民政府交通运输主管部门，如北京市、天津市、上海市、武汉市、成都市、郑州市、昆明市、佛山市、长沙市、宁波市、福州市、青岛市、厦门市、济南市等城市；有的城市则由市级人民政府直接管理城市轨道交通运营，如西安市、沈阳市和哈尔滨市；其余城市的相应职能由市级人民政府交通运输主管部门负责（通常由某一处室或下属机构兼管），其运营管理机构汇总表见表2-1。

截至2019年全国已开通城市轨道交通的城市运营管理机构汇总表　　表2-1

序号	城市	管理机构	备注
1	北京市	北京市交通运输委员会运输管理局轨道运营管理处	专管
2	天津市	天津市交通运输委员会轨道交通管理处	专管
3	上海市	上海市交通委员会轨道交通处	专管
4	广州市	广州市交通委员会客运管理处	兼管
5	深圳市	深圳市交通运输委员会公共交通处	兼管
6	南京市	南京市交通运输局公共交通处	兼管
7	重庆市	重庆市道路运输管路局综合运输管理处	兼管
8	武汉市	武汉市交通运输委员会直属武汉市轨道交通运营管理办公室	专管
9	成都市	成都市交通运输委员会轨道交通处	专管
10	西安市	西安市地铁办（西安市地下铁道有限责任公司）	市政府直管
11	郑州市	郑州市交通运输委员会轨道交通运营管理处	专管

续上表

序号	城市	管理机构	备注
12	杭州市	杭州市交通运输局道路运输管理局城市公交和轨道交通管理处	兼管
13	长春市	长春市交通运输局综合运输处	兼管
14	沈阳市	沈阳市地铁建设指挥部	市政府直管
15	大连市	大连市交通局直属大连市道路客运管理处	兼管
16	哈尔滨市	哈尔滨市轨道交通管理办公室	市政府直管
17	昆明市	昆明市交通运输局轨道交通处	专管
18	苏州市	苏州市交通运输局苏州市城市客运交通管理处轨道交通科	兼管
19	佛山市	佛山市交通运输局轨道建设管理科	专管
20	长沙市	长沙市交通运输局公共客运管理局轨道交通管理科	专管
21	宁波市	宁波市交通运输委员会直属城市客运管理局轨道交通管理科	专管
22	无锡市	无锡市交通运输局无锡市交通运输管理处公交科	兼管
23	福州市	福州市轨道交通运营管理处	专管
24	青岛市	青岛市轨道交通运营管理处	专管
25	南宁市	南宁市交通运输局轨道交通运营管理科	兼管
26	淮安市	淮安市交通运输局运输管理处	兼管
27	合肥市	合肥市交通运输局客运管理处	兼管
28	南昌市	南昌市交通运输局城市客运管理处	兼管
29	东莞市	东莞市交通运输局运输科技科	兼管
30	兰州市	兰州市交通运输委员会运输管理科	兼管
31	石家庄市	石家庄市交通运输局	兼管
32	贵阳市	贵阳市交通委员会公共交通处	专管
33	厦门市	厦门市交通运输局综合运输管理处(轨道交通处)	专管
34	珠海市	珠海市交通运输局轨道交通管理科	专管
35	乌鲁木齐市	乌鲁木齐市交通运输局	兼管
36	温州市	温州市交通运输局运输处	兼管
37	济南市	济南市城乡交通运输局轨道交通处	专管
38	常州市	常州市交通运输局城市客运管理处	兼管
39	徐州市	徐州市交通运输局综合运输处	兼管
40	呼和浩特市	呼和浩特市交通运输局运输服务科	兼管

2. 政策制定

目前,我国大部分已开通轨道交通的城市均已颁布或正在制定相关管理条例、管理办法或规定。其中,北京市、上海市等城市轨道交通运营的时间相对较长,运营经验相对丰富的城市,已经基本形成了完备的城市轨道交通运营管理制度及组织体系,为保障城市轨道交通安全运营,提升运营服务质量奠定了基础。

1)北京市

截至2019年底,北京市共出台了10余个关于城市轨道交通管理的办法、规定和标准,主要包括《北京市轨道交通运营安全条例》《北京市城市轨道交通安全运营管理办法》《北京市城市轨道交通新线试运行评估暂行规定》《北京市城市轨道交通新建线路运营设备和设施验收管理暂行办法》《进一步加强城市轨道交通控制保护区安全管理工作的指导意见》(京政办发201226号)、《关于在轨道交通建设阶段加强运营安全风险控制的意见》(京政办发〔2012〕44号)、《北京市轨道交通运营安全专篇评审办法(试行)》和配套的《北京市轨道交通运营安全专篇编制细则》《城市轨道交通运营服务管理规范》(DB11/T 647—2009)、《城市轨道交通能源消耗评价方法》(DB11/T 1035—2013)、《城市轨道交通运营安全管理规范》(DB11/T 1166—2015)、《北京市城市轨道交通设施结构检测技术规程》(DB11/T 1167—2015)、《轨道交通接驳设施设计技术指南》(DB11/T 1236—2015)、《北京市城市轨道交通运营线路安全评价规范》(DB11/T 1510—2018)。上述办法规定和标准形成了覆盖建设阶段运营安全风险控制、新线试运行、设备设施验收、运营安全管理、运营服务管理和保护区安全管理等方面较为全面的城市轨道交通运营行业管理政策体系。

《北京市轨道交通运营安全条例》共由7章78条组成,包括总则、运营安全风险前期防控、设备设施运行安全与保护、运营组织安全与服务、应急管理、法律责任、附则等内容,从轨道交通规划设计、建设、运营全生命周期进行了制度创新设计,设置了安全运营专篇制度、网络化安全管控制度、转段安全衔接制度、社会广泛参与制度等,保障轨道交通运营安全。

《北京市城市轨道交通安全运营管理办法》共由6章51条组成,主要从建设与运营的衔接、运营安全管理、应急和事故处理、法律责任等方面对城市轨道交通运营安全工作提出了要求。

《北京市城市轨道交通新建线路运营设备和设施验收管理暂行办法》共由6

章23条组成，主要从验收条件依据、验收组织机构、验收程序、验收机制4个方面，对新建线路准入试运营进行了详细规定。

《进一步加强城市轨道交通控制保护区安全管理工作的指导意见》（京改办发〔2012〕26号）主要从工作重要性、工作的目标、工作范围、工作重点、工作职责、制度建设及保障机制等方面，对开展城市轨道交通控制保护区工作提出了要求。

《关于在轨道交通建设阶段加强运营安全风险控制的意见》（京政办发〔2012〕44号），从建立运营企业提前介入机制、落实轨道交通建设安全评估制度、强化轨道交通客流预测动态评估、切实保障安全设施设备资金投入、建立运营设施设备招标采购统一规范、强化轨道交通项目技术、产品、制式的应用管理、严格试运行转试运营环节的安全监管、建立试运营转正式运营的管理制度8个方面，对控制轨道交通建设阶段运营安全风险提出了要求。

《北京市轨道交通运营安全专篇评审办法（试行）》对做好新建轨道交通项目在可行性研究、初步设计阶段运营安全专篇评审工作，对严重影响运营安全、管理和服务的设计问题坚决予以整改提出了明确要求。配套的《北京市轨道交通运营安全专篇编制细则》明确要求轨道交通运营安全专篇应当阐述项目总体情况、土建、设备系统方案，并结合轨道交通运营关注的问题，对设计阶段可能对后期运营产生的潜在风险及应对措施进行专题分析。

《城市轨道交通运营服务管理规范》（DB11/T 647—2009）主要涵盖了基本要求、运营服务指标、安全管理要求、应急管理要求及计算方法等内容，为有效规范城市轨道交通运营服务行为，提供了重要的参考依据。

《城市轨道交通运营安全管理规范》（DB11/T 1166—2015）规范了城市轨道交通运营安全管理的基本要求、人员安全管理、行车安全管理、客运安全管理、设备设施安全管理、事故和事件管理、风险和应急管理及安全运营指标相关要求，为有效规范城市轨道交通运营的安全管理，提供重要参考依据。

《城市轨道交通能源消耗评价方法》（DB11/T 1035—2013）规定了城市轨道交通能耗的计量器具安装要求、统计内容与要求、评价指标和能耗评价方法。《城市轨道交通运营安全管理规范》（DB11/T 1166—2015）规定了城市轨道交通运营安全管理的基本要求、人员安全管理、行车安全管理、客运安全管理、设备设施安全管理、事故和事件管理、风险和应急管理及安全运营指标相关要求。《北京市城市轨道交通设施结构检测技术规程》(DB11/T 1167—2015)规定了城市轨道交通设施结构检测中的外观检查、结构形位测量、混凝土结构检测、钢结构检测、路基机构检测、线路检测和检测报告的具体要求。《轨道交通接驳设施设计技术指南》(DB11/T 1236—2015)主要规定了轨道交通接驳设施设计的总体设计要求以及行人接驳设施、非机动车接驳设施、公交接驳的设计要求。《北京市城市轨道交通运营线路安全评价规范》(DB11/T 1510—2018)主要规定了城市轨道交通运营线路的安全管理、运营组织与管理、设备设施、外界环境、物资管理系统、安保系统、信息安全、安全表现的评价标准,适用于已通车试运营或正式运营的轨道交通线路的安全评价。

2)上海市

截至2019年底,上海市共出台了10余个关于城市轨道交通管理的办法、规定和标准,主要包括《上海市轨道交通管理条例》《上海市轨道交通运营安全管理办法》《上海市轨道交通安全保护区暂行管理规定》(沪交法〔2006〕442号)、《上海市轨道交通运营服务规范》(沪交客〔2011〕558号)、《上海市人民政府进一步加强本市轨道交通管理的意见》(沪府发〔2012〕38号)、《上海市轨道交通试运营基本条件》(沪交客〔2007〕532号)、《上海市轨道交通运营安全事故处置规定》《上海市轨道交通乘客守则》(沪交轨〔2016〕551号)和《上海市人民政府办公厅关于本市保障轨道交通安全运行的实施意见》。上述办法规定和标准形成了以条例为基础,通过相关管理办法或规范深化条例内容,细化管理规定,提高运营行业管理可操作性和可实施性的政策法规体系。

《上海市轨道交通管理条例》共由7章52条组成,内容涵盖规划、投资、建设、运营和设施管理,伤亡事故处理等方面。该条例适用于上海市行政区域内轨道交通的规划、投资、建设、运营等管理活动。

《上海市轨道交通安全管理办法》共由6章52条组成,内容涵盖安全保障、安全管理、应急管理等方面。该管理办法适用于上海市轨道交通的运营安全及其相关的管理活动。

《上海市轨道交通安全保护区暂行管理规定》(沪交法〔2006〕442号)共由17条组成,主要内容包括职责划分、范围界定、技术审查、日常巡查、法律责任等方面,对上海市轨道交通安全保护区管理工作进行规定。

《上海市轨道交通运营服务规范》(沪交客〔2011〕558号)由8章40条组成,

内容涵盖车站服务、列车服务、行车组织服务、设施管理和维护、监督管理及法律责任6个方面。

《上海市人民政府进一步加强本市轨道交通管理的意见》（沪府发〔2012〕38号）主要是从管理意义、管理基本原则、管理实施措施及管理保障等方面，对轨道交通运营提出了要求。

《上海市轨道交通运营安全事故处置规定》主要从事故等级、报告要求、事故应急处置、事故调查、事故处理等方面，对轨道交通运营安全事故处置提出了要求。

《上海市轨道交通乘客守则》根据《上海市轨道交通管理条例》第二十九条规定，对乘客的进站、乘车行为提出了要求，对享受乘车优惠的条件、免费乘坐轨道交通的条件进行了细致规定，并提出了进站、乘车的14类禁止性行为。

《上海市人民政府办公厅关于本市保障轨道交通安全运行的实施意见》进一步明确了市政府层面的管理体制机制：市政府指导本市轨道交通安全运行，负责运营突发事件应对工作指导协调和监督管理，对本市轨道交通安全运行负总责。市级层面建立全市轨道交通发展协调平台，建立衔接高效、运行顺畅的管理体制和运行机制，定期研究、协调建设和运营管理中的重大问题、关键事项。对跨城市运营的城市轨道交通线路，建立跨区域运营突发事件应急合作机制。督促各相关部门、单位和各区共同做好安全运行保障工作。市交通管理部门负责轨道交通项目规划建设前期和建设过程中的统筹协调，以及轨道交通运营的监督管理。负责牵头组织轨道交通运营安全评估工作。负责轨道交通安全保护区范围内作业项目审批。对轨道交通行业日常管理开展行政执法和检查。按照职责，做好应急处置及演练工作。配合公安部门做好公共安全防范相关工作。

3）广州市

截至2019年底，广州市共出台了两个关于城市轨道交通管理的行业政策规定，即《广州市城市轨道交通管理条例》和《广州市城市轨道交通运营管理办法》（穗交〔2012〕831号）。这两个文件相辅相成，条例作为上位法进行全面规定，支撑管理办法；管理办法作为下位法，在条例的基础上细化管理内容，注重可操作性，是上位法的丰富和延伸。2018年，广州市人民政府办公厅印发《广州市城市轨道交通运营突发事件应急预案》（穗府办函〔2018〕52号），建立健全广州市城市轨道交通运营突发事件处置工作机制，科学、有序、高效应对运营突发事件，最大程度减少人员伤亡和财产损失，维护社会正常秩序。

《广州市城市轨道交通管理条例》由7章51条组成，内容涵盖建设管理、设施保护、运营管理、安全与应急管理等。该条例适用于广州市行政区域内城市轨道交通的规划、建设、运营及相关的管理活动。

《广州市城市轨道交通运营管理办法》(穗交〔2012〕831号)由6章28条组成，内容涵盖运营服务管理、运营信息管理、安全管理及应急管理4个部分。该办法适用于广州市行政区域内城市轨道交通的运营管理。

3. 政府对城市轨道交通运营单位的考核

城市轨道交通系统是城市公共交通的重要组成部分，政府通过委托具备运营资格的经济实体(即运营单位)来保证城市轨道交通系统的运营。运营单位受政府委托负责城市轨道交通从业人员、设施设备等资源的组织管理，并按照政府要求保质保量完成城市轨道交通的运输任务和日常运营管理等工作。因此，政府作为委托方必须对运营单位进行必要的考核，保证城市轨道交通系统的正常运营，满足乘客的出行需求。通常情况下，政府以委托合同规定的内容为依据考核运营单位，主要内容包括运营安全、服务质量、运营成本、能源消耗等方面。

1) 运营安全

安全是生产的基础，保证城市轨道交通运营安全是政府对运营单位的基本要求。政府应通过合同建立运营安全考核制度，杜绝城市轨道交通运营单位安全责任事故或从业人员责任伤亡事故的发生，确保安全运营。运营安全的考核指标可包括统计期内的连续安全行车天数、行车事故次数、行车事故频率、伤亡人数等。

2) 服务质量

为乘客提供满意的服务是运营单位的重要职责之一。政府应通过合同加强对运营单位服务质量的监管，可通过设立服务指标来衡量运营单位为乘客提供的服务。服务指标可包括安全、快速、舒适、信息、环境等方面。

3) 运营成本

由于城市轨道交通系统属于公共交通，运营单位为乘客提供公益性服务，不应以盈利为目的。因此，当前城市轨道交通系统的定价相对成本而言都比较低，绝大多数运营单位都需要政府提供大量补贴资金来维持正常运营。但是，随着城市轨道交通线网规模的扩张，政府补贴的资金规模也越来越大，已经在挑战政府财政承受能力的极限。因此,政府需要全面掌握运营单位成本和收入情况,为制定合理的票价提供依据,使得政府财政可承担城市轨道交通系统补贴、乘客可接受票价、运营单位可保障运营安全和服务质量,从而保证城市轨道交通系统的可持续发展。

运营成本可通过成本指标来考核。成本指标主要包括运营成本和运营收入两方面的指标。运营成本指标主要为运营总成本、车公里成本、人公里成本;运营收入指标主要为运营票款收入、人公里票款收入。

4)能源消耗

建设资源节约型、环境友好型社会是我国一项长期的战略任务,交通运输行业是能源消耗和温室气体排放的重点领域之一,根据国家对节能减排的总要求,交通运输业节能减排的任务非常艰巨;推进资源节约和环境保护,促进经济发展模式向高能效、低能耗、低排放模式转型,对交通运输绿色发展提出了更加迫切的要求。因此,必须加强城市轨道交通系统的节能管理,构建绿色交通运输体系。

当前,城市轨道交通系统全部为电力牵引,政府对运营单位的节能情况可通过对年度能源消耗指标的考核来实现。能耗指标应包括牵引能耗、动力照明能耗指标,反映城市轨道交通路网能耗情况。

第二节 运营企业管理体系

城市轨道交通运营企业的管理是通过机构、人员和制度实现对企业内部设施设备、人员、物资、信息等资源要素的有效管理,保证这些要素形成有机统一、高效运转的整体,从而完成乘客运输任务。运营企业管理体系的核心是管理机构的设置和管理制度的建立。

一、机构设置

管理机构是企业正常运转的核心,管理机构的设置与企业本身的业务范围密切相关。当前,国内各城市轨道交通运营企业由于发展历史不同,所从事的具体业务范围差别较大,因此各运营企业管理机构的组织架构模式也差别较大。但是,对于城市轨道交通运营企业而言,保证城市轨道交通系统的正常运转是其核心业务,无论其组织架构如何设置,都必须具备满足城市轨道交通系统正常运转的基本架构。

1. 运营企业基本组织架构

就核心业务而言,城市轨道交通系统可按功能分为两个子系统进行管理:一个是体现城市轨道交通基本功能的旅客运输服务系统,主要任务是组织列车运行和进行客运服务,包括行车管理、站务管理、票务管理和乘务管理等内容;另一个是以设备设施维修管理体系为主的运营保障系统,主要任务是确保线路、供电系统、车辆、通信信号设备、机电设备等系统状态良好,使城市轨道交通系统安全、可靠、高效地运行,内容包括车辆、供电、机电、通信信号和土建等设施设备的维修管理。此外,与其他行业的企业一样,城市轨道交通运营企业还设有专门负责处理行政、人事、财务、企业发展、安全技术等事务的职能管理部门,以保证企业的正常运转。城市轨道交通运营企业的基本组织架构模式如图2-1所示。

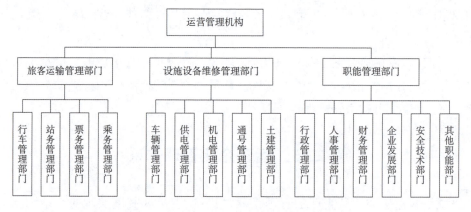

图2-1 城市轨道交通运营企业基本管理组织架构

1) 旅客运输管理部门

(1) 行车管理部门。行车管理是城市轨道交通运营管理的核心工作。行车管理部门主要负责根据客流组织列车开行服务,主要包括运输计划编制、列车运行图、车辆配备计划、列车交路计划、运输能力计算以及列车运行与行车调度指挥等内容。

(2) 站务管理部门。站务管理属于车站管理的一项重要内容。站务管理部门负责密切注意车站乘客动态,发现危及行车和乘车安全的情况,及时与有关人员联系。

(3) 票务管理部门。票务管理工作主要包括票制票价的确定,售检票工作和票务设备的运用和管理。票务管理工作通常需要由运营公司票务管理部门和车站联合完成。运营企业票务管理部门负责对整条运营线路或线网的运量及其他运营指标进行统计、财务核算与评价以及票款管理等工作。车站负责组织售检票与车站设备运用管理和维护,以及根据客流变化对售检票系统设备的设置进行调整。

(4)乘务管理部门。乘务管理部门负责管理列车司机,包括合理安排列车司机的作息时间、值乘方案、分配人员、教育培训和安全监督。

2)设备设施维护维修管理部门

设施设备维护维修管理是运营企业管理的重要组成部分。设施设备维护维修管理部门的任务是保证各项设施设备系统以良好的状态投入运营。只有提高系统的可靠性,减少故障发生,保证运行服务,才能充分发挥城市轨道交通安全、快捷的优越性。设施设备维修管理部门主要负责土建设施(包括轨道线路、桥梁、区间隧道和路基、车站、车辆基地及线路附属设施等)、车辆及车辆基地、供电系统、通信信号系统、机电设备系统(包括环控系统、通风排烟系统、给排水及消防系统、站台门系统、自动扶梯及电梯运载系统、自动售检票系统等)的维修管理。设施设备维修管理部门内部多数按照专业划分为各自独立的部门,负责各自专业的维修管理工作。

3)其他职能部门

行政管理部门负责企业收发文件、会议安排、公务接待等综合行政类业务管理工作。

人力资源管理部门负责企业组织架构、岗位职责设计、人员招聘、培训、劳动合同、入职、离职、退休、员工档案、绩效考核、薪酬等管理工作。

财务管理部门负责企业的财务制度制定、财务和资产等管理工作。

安全技术管理部门负责企业规章制度管理与维护、安全监管检查、安全培训、计量管理、技术资源管理等工作。

企业发展部门负责企业运营规划和计划管理、对外公共关系管理、服务质量管理等工作。

2. 典型运营企业管理组织架构

目前,从全国范围来看,各地城市轨道交通运营企业的管理模式主要有两种,一种是运营公司独立运行模式;另一种是运营公司作为集团公司的分公司或事业部运行模式。

1) 运营公司独立模式

这种模式以北京地铁运营有限公司为代表。北京地铁运营有限公司是国有独资的特大型专门经营城市轨道交通运营线网的专业运营单位，运营工作涉及车辆管理、客运组织、调度指挥和供电、通信信号、机电和线路等的运用和维修管理。另外，公司还经营以地铁相关资源开发为主的多元化业务，主要包括工程监理、设计研究咨询、广告、地下通信、文化产业、商贸、旅游度假、教育培训、建筑安装及物业等。公司组织机构分三级架构(图2-2)，一级为公司领导层，二级为34个职能部门，三级为24个实体分公司。其中，4个运营分公司分别负责各条线路的乘务组织、站务组织、票务组织及客运服务管理等，通号分公司、供电分公司、机电分公司、线路分公司分别负责设施设备的维修管理。

北京地铁运营公司管理模式的特点是运营业务独立运行，保证运营公司决策的灵活性，有利于公司专注做好运营服务。

2) 集团运营分公司模式

这种模式下的城市轨道交通企业的显著特点是企业既负责城市轨道交通系统的建设，又负责城市轨道交通系统的运营。当前，国内大多数城市采用这种企业运营管理组织架构模式。其中，以上海和广州最具代表性。

(1) 上海模式，运营管理业务由多家分公司分别负责。

上海市城市轨道的建设和运营管理均由上海申通地铁集团有限公司负责。2019年，上海申通地铁集团有限公司组织架构如图2-3所示。该集团除职能部门外，同级设立了投资管理部负责集团的投资管理，财务部负责集团的财务和资金管理，建设管理中心负责集团的城市轨道交通建设任务以及其他专业公司的管理(培训中心、技术研究中心、隧道设计研究院、资产经营公司、项目公司)；其城市轨道交通的运营业务则由集团下属的运营管理中心、维护保障中心和4家运营分公司负责。运营管理中心负责上海轨道交通网络运营调度指挥、应急指挥、运营管理协调和隧道桥梁结构、安全保护区监护等工作，承担全网络运营计划的、线路的运行监控和票务清分管理等，协调运营服务和维护保障工作，并按不同的运营状态等级指挥网络整体运行及组织应急处置等。4家运营公司分别按照分工，作为所管辖线路和车站的运营安全、窗口服务和现场应急处置的责任主体，为网络整体运行提供专业化支撑。维护保障中心专门负责轨道交通设备设施维护工作，下设供电、车辆、通号、工务、后勤分公司，分别负责相应专业设备的维护和保障。

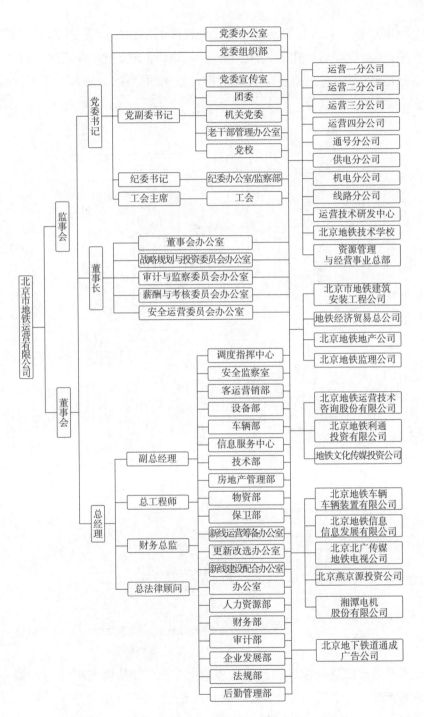

图 2-2 北京地铁运营有限公司组织架构

上海申通地铁集团有限公司运营管理模式的特点是运营管理职能分散于多个子公司,运营管理扁平化。其优点是各运营管理子公司业务范围相对集中,利于精细化运营管理;缺点是各子公司间相对独立,网络运营协调管理工作量大。

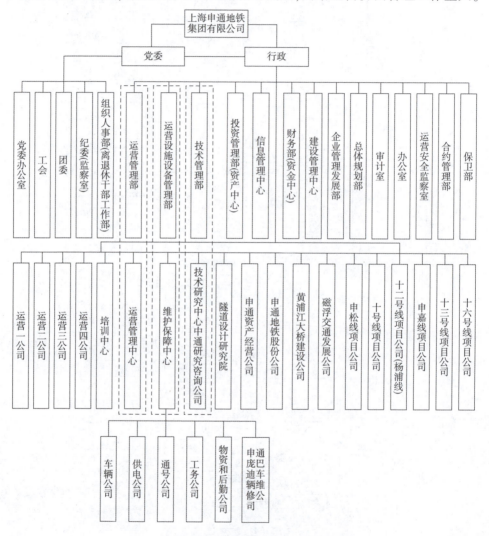

图 2-3 2019 年上海申通地铁集团有限公司组织架构

(2)广州模式,运营业务由运营事业总部统一负责。

广州市城市轨道的建设和运营管理均由广州地铁集团有限公司负责。该公司业务除新线建设和运营服务外,还包括地铁沿线房产开发、广告、通信、商贸、设计、监理、咨询、培训、保洁、绿化、物管、电气设备制造等经营业务,公司组织架构如图 2-4 所示。其中,运营事业总部负责城市轨道交通的运营,下设各职能部门和车务中心、车辆中心、通号中心、维修中心 4 个运营核心部门,以及培训中心等 3 个其他拓展业务部门。车务中心负责全部运营线路的调度指挥、乘务组织、站务组织、票务组织及客运服务管理等,并担负所有新线车务运作的筹备与开通任务。

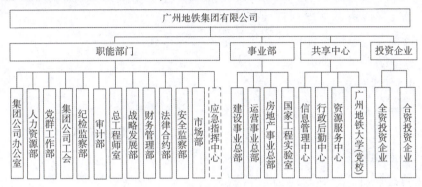

图 2-4　广州市地铁集团有限公司组织架构

广州地铁运营管理模式的特点是运营管理业务集中于运营事业总部,事业总部下设部门按照专业进行分工,为运营和维护提供相应保障,有利于专业资源的集中管理和高效利用。

二、制度体系

城市轨道交通运营企业的正常运转需要一套庞大的规章制度来保障。企业运营制度体系主要包括安全管理、行车组织、客运组织、设施设备运行维护、应急管理等各类规章制度和操作办法。

1. 安全管理

安全生产是城市轨道交通运营企业工作的重中之重。完善安全规章制度是抓好运营安全工作的保障,是企业约束员工的工作行为并为员工提供安全生产指引的依据。因此,企业在严格执行国家、省、市各项安全法律法规的同时,需要建立企业内部的安全管理制度和各类操作规程,涵盖公司的各专业、运营生产各环节,使各专业的安全生产管理都有章可循,促进企业的安全生产工作向规范化、制度化发展。城市轨道交通运营企业安全管理规章制度主要包括以下几种:

(1)安全生产责任制。

(2)安全管理办法。

（3）安全奖惩办法。

（4）安全生产会议制度。

（5）安全教育培训管理办法。

（6）通用安全规则。

（7）危险源辨识及控制管理制度。

（8）各类设施设备作业安全规则或安全操作规程。

（9）消防安全管理办法。

（10）特种设备和特种作业安全管理办法等。

2. 行车组织

城市轨道交通是技术密集的客运交通系统，具有集中管理、统一指挥、紧密联系和协同动作的特点。建立行车组织规章制度可以使各部门、各单位、各工种协调进行运输生产，更好地为运营服务。行车组织类规章制度主要包括以下几种：

（1）行车组织规则。

（2）行车调度手册。

（3）电力调度手册。

（4）环控调度手册。

（5）维修调度手册。

（6）行车事故处理规则。

（7）车站行车工作细则。

（8）运行图管理办法。

（9）行车质量分析制度。

（10）列车司机手册。

（11）列车操作手册。

（12）车辆基地运作手册等。

3. 客运组织

城市轨道交通客运组织是城市轨道交通企业直接面向乘客的重要工作。城市轨道交通运营企业通过建立客运组织规章制度规范客运服务相关部门、单位和人员的工作行为，更好地为乘客提供服务。客运组织类规章制度主要包括以下几种：

（1）客运服务规范。

（2）客运组织规则。

（3）票务管理规则。

（4）车站票务运作手册。

（5）车站运作手册。

（6）服务热线管理办法。

（7）旅客伤亡事故处理规则等。

4. 设施设备运行维护

设施设备运行维护类规章制度主要包括以下几种：

（1）设施设备管理办法。

（2）设备安全操作规程。

（3）设备操作检修规程。

（4）设备故障处理程序或指南。

（5）设备安全作业规则。

（6）设备操作手册。

（7）车辆基地安全作业规则等。

5. 应急管理

针对可能发生的各类突发事件，城市轨道交通运营企业必须制定突发事件应急管理规章制度，预防事故发生和降低事故导致的损失。运营企业内部的应急管理类规章制度主要包括以下几种：

（1）运营事故调查处理规则。

（2）应急预案演练实施管理办法。

（3）企业突发事件总体应急预案。

（4）突发事件专项应急预案，主要针对自然灾害、运营事故、公共卫生事件、社会安全事件等各类突发事件专门的应急预案。

（5）突发事件现场处置方案，主要对突发事件的现场应急人员职责、处置程序、所采取措施等进行规定，如某车站站台突发火灾处置方案等。

第三章　行车组织管理

城市轨道交通行车组织工作是指在运输生产的过程中，采取各种技术手段保证列车运行系统、客运服务系统、维护保障系统的专业设施设备正常、合理运转，从而实现安全、舒适、快速、准时、便利地运送旅客，以满足乘客出行的需要。行车组织是城市轨道交通系统运营管理的核心，行车组织工作是城市轨道交通运营管理的中心工作。

第一节　总体要求

城市轨道交通行车组织工作应实行集中管理、统一指挥、逐级负责。城市轨道交通运营单位根据线路设计运能、客流需求和设备技术条件编制运输计划（涵盖客流计划、全日行车计划、列车开行方案、车辆配备、运用和检修计划及日常运输调整计划等），明确开行列车数、首末班车时间、区间运行时间、列车停站时间、列车折返时间等参数，明确运行限速、列车运行交路等技术要求。

客流计划是全日行车计划、列车开行方案的编制基础和依据。对于新增线路来说，客流计划要根据客流预测资料编制，既有线路则可根据统计和调查资料编制。客流计划主要内容包括沿线各站到发客流数量、各站分方向发送人数、全日分时断面客流分布、全日分时段最大断面客流图等。

全日行车计划是城市轨道交通系统全日分阶段开行的列车对数计划，直接影响城市轨道交通系统的输送能力和设备使用计划，是编制列车运行图的依据。全日行车计划编制的依据主要包括营业时间计划、全日分时最大断面客流分布、列车运载能力及设计满载率等。

列车开行方案是日常运营组织的基础，其编制应遵循客流分布特征和运营经济合理的原则，以实现较高的乘客服务水平和提高车辆运行效率为目标。列车开行方案主要内容包括列车编组方案、列车交路方案和列车停站方案，主要规定了列车编组车辆数、列车运行区段和折返车站、列车在站停车方式（站站停车、非站站停车等）。

（1）工作内容要求。城市轨道交通运营单位根据列车运行图要求，有效组织完成运输生产各项任务。城市轨道交通行车组织工作涵盖列车运行调度、车站行车组织、车辆基地行车组织、列车驾驶等方面。因工作区域和性质不同，各项工作对岗位职责、日常工作流程及突发事件应急处理的要求也不相同，此外又需分别制定正常情况、非正常情况和应急情况下的行车组织方案。

（2）工作制度要求。城市轨道交通运营单位制定行车组织规则，并根据行车线路封闭方式、范围、线路条件、设备条件等制定相应的细则。城市轨道交通运营单位按照行车组织规则及其细则做好各项行车组织工作。

（3）工作时间要求。行车组织工作应实行24h工作制，行车时间以北京时间为准，从零时起计算；行车日期划分以零时为界，零时以前办妥的行车手续，零时以后仍视为有效。

第二节 列车运行调度

列车运行调度是城市轨道交通运营单位日常运输组织的指挥中枢，担负着组织行车、提高运营服务质量、确保运输安全、完成乘客运输计划、实现列车运行图的重要责任，对于城市轨道交通日常工作的开展起到决定性作用。列车运行调度的基本任务是负责日常行车调度指挥，科学合理地组织客流，经济合理地使用车辆及其他运输设备，与运输有关的部门密切配合、协同动作，确保列车按图运行，完成运输生产任务，为乘客提供安全、准点和优质的运营服务。

一、组织架构

列车运行调度组织工作具有各项作业环节紧密联系，各部门、各工种协同工作的特点，为此，城市轨道交通运营单位需要根据运营线路路网规模，设置一个或多个运营控制中心，承担日常运营调度指挥工作，对运输生产活动进行集中领导、统一指挥和有序监控。

从管理层次上来看，运营控制中心管理层次宜分为两个指挥层级，二级指挥服从一级指挥。一级指挥为运营控制中心值班主任、行车调度员、电力调度员、环控调度员和维修调度员等；二级指挥为行车值班员、车辆基地调度员等。各岗位人员应根据职责开展工作，并服从运营控制中心值班主任协调和指挥。城市轨道交通运营控制中心组织架构如图3-1所示。

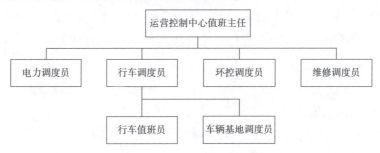

图3-1　城市轨道交通运营控制中心组织架构

二、岗位职责

一般来说，城市轨道交通运营控制中心通常设置行车调度、电力调度、环控调度和维修调度等工种。从实际情况来看，各个城市调度机构的架构不尽相同，有些城市将行车调度和客运调度合并成为运营调度，将电力调度和环控调度合并成为设备调度。城市轨道交通运营单位可根据运营业务需要，合理设置运营控制中心岗位，明确岗位工作职责和技能要求，以及各岗位工作计划和流程。

1. 行车调度员

行车调度员是运输调度工作的核心工种，是列车运行的组织者和指挥者。行车调度员负责组织实施正线及辅助线的行车组织作业，确保列车按图运行，完成运输计划各项任务。行车调度员的岗位职责包括以下几点：

（1）落实行车工作计划。发布调度指令，布置、检查和落实行车计划，组织指挥各部门、各工种严格按照列车运行图的规定和要求行车。

（2）监视列车运行情况。监控列车在车站到发及区间内的运行情况，及时、准确处理临时发生的问题，防止列车运行事故发生。

（3）调整列车开行计划。根据客流变化，及时调整列车开行计划。列车晚点、运行秩序紊乱时，通过自动或者人工调度，尽快恢复按图运行。

（4）处理运营突发事件。发生运营突发事件时，按照规定立即向上级和有关部门报告，迅速采取救援措施，最大限度减少人员伤亡、降低事故损失、防止事故升级，及时恢复列车正常运行。

2. 电力调度员

电力调度员是供电系统运行、操作和事故处理的指挥者。电力调度员负责监督指挥供电系统的安全运行和操作，审批供电系统的检修作业，指挥处理供电设备的故障，充分发挥供电系统设备能力，满足各类设备的用电要求。电力调度员的岗位职责包括以下几点：

(1) 负责所辖范围内的供电生产工作。按照供电协议有关条文，执行供电系统的运行方式；制定事故情况下的供电运行模式。

(2) 对变电所值班员、接触网受令人和车站值班员进行统一的指挥。通过调度电话等方式，收集各系统运行状况信息和车站情况。

(3) 监视供电设备运营状况。监控调度管辖范围内设备的运行状况，发现故障及时通报维修调度员，由维修调度员通知相关维修部门进行处理。监视供电、防灾系统的报警信息，确保报警及时被确认，并采取相应措施。

(4) 供电运行应急处置。负责在火灾、大客流、列车阻塞、系统停电等紧急情况下，对供电系统进行指挥及监控，配合抢修救灾工作。在中央级综合监控系统失控时，命令变电所值班员和车站值班员对供电设备进行控制。

(5) 组织审批供电相关施工计划。根据施工行车通告要求审核所管辖设备检修计划并批准检修计划。根据施工行车通告和日补充计划、临时补修计划的要求，组织设备的检修和施工。

3. 环控调度员

环控调度员负责环控系统的调度和管理工作，监督环境监控系统、火灾报警系统及气体灭火系统运行，为乘客出行提供安全、舒适的乘车环境。环控调度员的岗位职责包括以下几点：

(1) 监控环控设施设备运行状况。环控调度员通过环境监控系统、火灾报警系统中央工作站，监控车站通风、空调、隧道通风设备和装置、气体灭火系统等系统设备，监控扶梯、照明、给排水等设施运行状况，及时了解影响车站舒适度和消防安全的关键设备运行情况。

(2) 环控设施设备维护、维修和故障处理。负责指挥环境监控系统、火灾报警系统、气体灭火系统及环控机电设施的故障处理及维修施工。发现故障及时通报设备维修调度员,由设备维修调度员通知相关维修部门进行维修。

(3)环控设备运营应急处置工作。负责监视全线环控系统的报警情况,确保报警及时被确认。在火灾、大客流、列车阻塞等紧急情况下,负责环控系统的指挥及监控工作,确保相关设备在紧急情况下能够正常运行,协作抢修救灾工作。

4. 维修调度员

维修调度员代表运营单位行使维修组织、抢险指挥的调度指挥权。维修调度员负责组织实施车站、正线及辅助线等设施设备的检查、维修、施工作业的组织实施等。维修调度员的岗位职责包括以下几点:

(1)发布维修调度命令。对接收的故障报告信息进行初步分析判断,报相关部门并向各部门发布设备维修调度命令,同时跟踪设备维修调度命令的执行情况,对故障处理过程中发生的各类事项进行必要的协调。

(2)校核维修计划。协调、配合计划实施,监督、跟踪作业命令执行和完成情况,对作业命令的执行进行必要的协调;对计划完成情况进行统计,将统计结果报物资设施管理部门。

(3)监督维修过程。对作业过程中各个关键环节进行了解、跟踪,协调各部门工作。向上级领导和有关部门发布应急信息并提供必要的维修、故障处理及抢险情况工作信息。

(4)协调故障处理。当故障设备、设施涉及多个专业时,维修调度员进行协调,必要时指派相关部门处理故障。

三、日常工作要求

1. 行车调度员

行车调度是在营业时间内采用基本列车运行控制方式和基本行车闭塞法情况下的列车运行组织工作,包括运营前的准备工作、列车出入场作业、运营中的调度指挥、运营结束后的收尾和施工前的准备工作等环节。

1)运营前检查内容要求

每日运营前,需要确保做好以下几项工作:

(1)行车调度员与车站值班员共同确认线路上所有施工检修和调试作业已完成,线路无侵界现象。

(2)根据运营计划,与车辆基地调度员核对运行图,确认列车准备情况,使当日运用车列数符合运营计划要求。检查接触网(轨)供电状态,检查中央监控设备、试验进路和道岔。

(3)检查接触网(轨)系统、消防环控系统、通信信号系统等与运营有关的设备状况,确保状况良好。

(4)行车值班员、车辆基地值班员等有关运营人员须主动与行车调度员校对以运营控制中心列车自动监控(Automatic Train Supervision,简称 ATS)钟点为准的钟表时间,列车司机须在出乘报到时校对钟表时间,与车站及车辆段核对当日列车运行图以及中央时钟时间。

2)列车驶出车辆基地作业要求

列车司机凭出场信号机显示的绿色灯光驾驶列车驶出车辆基地。列车在驶出车辆基地无码区时按慢速前行方式限速(一般为20km/h)运行,在进入有码区前一度停车标,待设置好车次号及接收到速度码后,以列车自动驾驶(Automatic Train Operation,简称 ATO)或列车自动防护(Automatic Train Protection,简称 ATP)方式投入线路运营。遇特殊情况时,列车司机可以凭行车调度员下达的命令投入运营。

3)运营期间作业要求

列车进入正线运营后,行车调度员必须监视列车运行及设备运转状况,关注列车运行动态,并做好故障信息通报及相关记录。处理运营过程中的各种突发事件,及时调整列车运行,尽快恢复正常运行秩序。行车调度员通过工作站,准确掌握线路上列车运行和分布情况、区间和站线占用情况、信号机显示状态和道岔位置等,通过工作站终端输入各种控制命令,控制管辖区域的信号机,道岔及排列列车进路,同时总结整理当日行车事件,填写相关运营报表。

4)列车驶回车辆基地作业要求

列车入场原则上应由入场线驶往车辆基地,图定或经由行车调度准许的入场列车,可由出场线运行至车场。入场列车在有码区按人工 ATP 方式运行,在一度停车标至车辆基地的无码区按慢速行车方式限速20km/h 运行,列车司机凭入场信号机显示的黄色灯光驾驶列车驶入车辆基地内。

5)运营结束后作业要求

运营结束后,核对所有运营列车及备用列车离开运营正线,确保正线线路空闲。线路设备日常的维修、施工原则上利用停止运营期间进行,行车调度员保证作业时间,并根据施工计划及施工申请向有关车站、单位及作业负责人发出实际作业命令,对需要停电区段的接触网(轨),则由行车调度员通知电力调度员停电,并监控施工作业过程。

2. 电力调度员

电力调度员值班期间要密切监视系统运行情况,迅速、正确处理各种电力故障,完成调度值班工作。电力调度员在日常供电系统作业中,需要满足以下作业要求:

(1)在改变系统运行方式或倒闸操作前,电力调度员需要充分考虑该操作对系统运行是否安全,能否保证地铁牵引供电的可靠性和灵活性及各车站Ⅰ、Ⅱ类负荷的正常供电。

(2)值班期间负责调整系统供电电压,使电压符合供电标准,力求达到安全经济运行。电力调度员应根据运行情况合理投入或退出电力设备。

(3)在审核工作票和填写倒闸操作票时,电力调度员要对照工作站终端界面逐项检查,不得主观臆测。如发现疑问或对设备运行状态不清楚时,应与现场人员联系,共同核实设备的运行状态,以保证正确操作。

(4)在组织维修施工作业前,电力调度员将所有停电作业申请进行综合安排,严格审查作业内容和安全措施,确定施工计划中的停电范围正确无误。

3. 环控调度员

环控调度员值班期间要密切监视系统运行情况,及时处理各种环控设备故障,为运营提供舒适安全运行环境。环控调度员在日常供电系统作业中,需要满足以下作业要求:

(1)环控、消防设备运行的调度命令只能由当值环控调度员发布。发布命令前,环控调度员须详细了解现场情况,听取有关人员意见。一般情况下,所有调度命令使用调度电话发布。紧急情况下可以先发口头命令,后补发书面命令。

(2)监视环控设备运行状态。监视环控系统运行状态、区间水泵运行状态,并详细记录管辖范围内的设备故障处理情况。故障记录主要包括发生故障时间、地点、故障内容、故障应急处理措施、故障处理情况以及修复时间等。

(3)在处理影响行车安全、大面积影响客运服务或者影响较大的火灾报警后,环控调度员应当在事故处理当天填写事故处理经过并交给值班主任。发生管辖范围内的故障维修时,及时通知维修调度员对设备安排维修。

4. 维修调度员

维修调度员主要负责处理各种设施设备日常维修和故障抢修,日常维修工作内容主要包括故障接收和通报、巡道计划审批与发布以及填写运营日报等。

(1)故障接收和通报。维修调度员负责当班期间各类影响行车及大面积客运的设施设备故障信息的接收。根据故障分类向生产调度通报故障,并负责做好故障记录及故障处理情况跟踪。

(2)巡道计划审批及发布。每日在定点时间之前,维修调度员负责根据施工计划审核各部门报送的巡道计划表。巡道计划经维修调度员审核完成后,经控制中心值班主任签字同意,再发布当日巡道计划。

(3)填写运营日报。负责与各生产调度核实每日定点时间之前各类故障处理情况,并据当日故障处理情况,完成运营日报中相关数据的填写。

四、突发事件应急处理要求

城市轨道交通各调度员,主要完成各自职责范围内的常见突发事件的应急处置。为此,下面主要针对行车调度员、电力调度员、环控调度员及维修调度员提出常见突发事件处理的相关要求。

1. 行车调度员

在行车调度员职责范围内,城市轨道交通常见突发事件主要包括列车晚点、列车行驶区间人员入侵、列车故障、列车冒进信号、区间疏导乘客、大面积停电、火灾事故、地震和毒气事件等。行车调度员的应急处置要求主要有以下几点:

(1)列车运行晚点。列车故障或者行车组织等原因将造成列车晚点时,行车调度员的工作重点是通过调整列车在区间的运行时间、运行速度和停站时间等,逐步恢复列车的正常运行秩序。行车调度员及时掌握列车晚点的原因、程度、发生地点等情况,及时调整前行和后续列车的站间运行时间和停站时间,并通过其他车站、车辆基地等做好应对措施,及时排除晚点带来的负面影响。

(2)列车行驶区间人员入侵。在列车运行过程中,获得列车行驶区间内有不明身份人员的报告后,行车调度员应及时通知后续列车司机在区间内慢行查找。查找到不明身份者后,行车调度员须及时将不明身伤人员带出区间并交给车站处理。若多趟列车司机未发现人员,则可恢复正常运营秩序。

(3)列车故障。不同的列车运行故障有不同的处理要求。若故障列车能够进行牵引运行,列车首先清客,空车行驶回车辆基地;行车调度员通知车辆基地调度员动用备用车辆替换故障列车。故障列车不能运行时,控制中心要求故障的判断和处理由列车司机全面负责,行车调度员提出辅助处理意见。若在规定时间内不能解决列车故障,行车调度员应及时安排救援车辆对故障列车进行救援。

(4)信号设备故障。区间信号发生故障时,行车调度员应及时告知列车司机将驾驶模式转换为人工驾驶模式行车。当列车驶出故障区段后,列车司机再将驾驶模式转换为列车自动驾驶模式。车站道岔区域发生信号故障时,行车调度员可授权车站进行站级控制,车站工作人员将进路转换到规定位置并锁闭。

(5)列车冒进信号。列车在运行过程中冒进出站信号机时,行车调度员根据不同情况处理。列车部分冒进出站信号机时,行车调度员可口头命令使列车退回站内,进行乘客乘降作业。列车整列冒进出站信号机时,行车调度员与车站值班员共同确认前方区间状况,若可以运行,则令列车运行至前方车站进行乘降作业;若区间不允许行车,以口头命令使列车退回站内。

(6)区间疏散乘客。列车由于某种原因在区间长时间停车,需要在区间内疏散乘客时,应首先封锁该区间,并阻止后续列车进入该区间所在的闭塞区段,然后通知电力调度员对该区段断电,并通知环控调度员加强该区段通风。行车调度得到停电通报后,向有关人员和车站发布疏散乘客的命令,疏散命令中应指出疏散方向,原则上是向就近车站方向疏散,必要时可向两端车站疏散,车站工作人员应及时安置被疏散乘客。

(7)大面积停电。若发生大面积停电,全线列车要停止运行,行车调度员尽量将列车扣在车站内,并发布调度命令,停止全线售票,封锁相关车站。行车调度员应尽快查明各次列车所处线路位置,如果需要区间疏散乘客,则按照相关规定及时疏散。电力调度员应尽快查明断电原因与影响,并向值班主任汇报,尽快恢复电力正常供应。

(8)火灾事故。城市轨道交通系统发生火灾时,行车调度员接到火灾报告后,应根据火灾发生在站台、站厅、隧道等不同位置,发布相应指令,执行不同应急预案。一般来说,列车在区间发生火灾时,如列车能继续运行,行车调度员会要求列车司机继续运行至就近车站及时疏散乘客;若列车无法继续运行而被迫在区间停车时,行车调度员要求列车司机应组织乘客就地疏散。

(9)地震、毒气事件。发生地震、毒气等事件时,行车调度员应及时发布命令,封闭全线车站,将乘客向站外疏散,并通知电力调度员断电,环控调度员加强事故区域及客流大的车站的通风。对于被迫停在区间内的列车,应进行区间疏散乘客。

2. 电力调度员

供电系统发生故障时,电力调度员要及时与设备运行人员配合,在故障处理过程中需要满足以下应急处置要求:

(1)电力调度员在处理故障时,应主动与现场配合,确定故障处理方法,并对处理故障中调度指挥的正确性、及时性负责。处理过程中,电力调度员的一切调度命令和联系电话均应录音,并详细记录故障处理过程。处理完毕后要及时做好故障事故分析报告。

(2)变电所发生故障中断供电时,电力调度员应及时改变供电运行方式,迅速恢复对接触网以及车站Ⅰ、Ⅱ类负荷的供电。供电方式更改后,应及时通知供电中心专业工程师,并要求其尽快对故障设备进行维修处理。

(3)当供电系统特别是牵引供电系统发生故障时,有关值班人员应迅速、正确地向电力调度员报告故障发生的时间、现象、设备名称、跳闸断路器、继电保护的动作情况及电压、电流的变化等。

(4)事故处理时,倒闸操作不需要书面操作指令,电力调度员可通过口头命令安排相关人员进行处理,但事后应补发。供电专业工程师处理事故可不开工作票,但必须有电力调度员的命令并做好安全措施后方可工作。当危及人身安全时,供电专业工程师进行紧急操作可不需要电力调度命令,但事后必须及时向电力调度员汇报。电力调度员发出命令时,应充分考虑系统运行的可靠及人身、设备的安全。

3. 环控调度员

在环控调度员职责范围内,城市轨道交通常见故障主要包括列车区间阻塞、区间水泵故障或消防水管漏水等。环控调度员的应急处置要求主要有以下几点:

(1)列车在区间阻塞。环控调度员在发现环控系统发出列车区间停车的报警后立即与行车调度员确认,并监视环控系统自动执行阻塞通风模式。当发现在规定时间内(一般设置为3s)不能自动启动时,环控调度员及时执行手动模式;列车离开区间后复位报警信号开关,恢复正常运行模式。

(2)区间水泵故障。区间出现高水位报警、区间积水将淹没道床、区间水泵电源故障、区间主备水泵故障等情况时，环控调度员需要立即通知相关人员进行区间抢险。

(3)区间消防水管爆裂漏水。区间发生消防水管爆裂时，环控调度员应立即命令设备维修调度员安排给排水专业维修人员现场关闭车站站台两端相关区间消防水管手动碟阀；加强对区间水泵的监控，确保区间水泵排水正常、漏出的水能迅速排清。若消防水管爆管事故不影响区间行车安全，视情况可以安排给排水维修人员在运营结束后再进行抢修作业。

4. 维修调度员

维修调度员负责设施设备故障情况下的维修调度作业，需要在行车调度员、电力调度员、环控调度员等配合下开展维修工作。维修调度员的应急处置要求主要有以下几点：

(1)在设施设备的故障处理过程中，当行车调度员发布封锁命令并授权维修调度员进行故障处理指挥后，封锁区间内的一切工作由维修调度员统一发令指挥，直至故障排除后行车调度员取消授权为止。

(2)维修调度员接到行车调度员维修的报告后，除及时组织有关人员处理外，还应在故障处理过程中，随时将故障处理进度故障的初步原因通报给运营控制中心值班主任，并由运营控制中心统一指挥、协调处理。维修调度员根据运营控制中心发布的处理指令统一指挥、协调相关部门对故障进行处理，并根据实际情况向运营控制中心提出合理要求及必要的建议。

(3)接到电力调度员、环控调度员紧急事件处理过程中的配合要求后，维修调度员应立即向相关维修车间发出配合作业命令或向相关部门提出配合要求并监督处理过程，及时报告处理进展情况。故障处理工作完成后，维修调度员必须将故障的详细情况、处理结果、故障原因等报给电力调度员和环控调度员。若不能及时抢修恢复，应将目前故障处理程度、影响范围和检修所需的时间通知电力调度员和环控调度员。

第三节　车站行车组织

车站行车组织是车站日常运营管理工作的主要内容，是城市轨道交通行车组织的基础。车站行车组织的基本任务是按照列车运行图要求，不间断接发列车,确保行车与乘客安全,提供优质的运营服务。

一、组织架构

城市轨道交通车站实行层级负责制,由上至下宜分为站长、值班站长、行车值班员、车站客运服务人员等层级。车站客运服务人员主要包括站务员、售票员、保洁员及安全员等。各城市根据岗位职责要求,车站客运服务人员岗位有不同设置。城市轨道交通车站行车组织架构如图 3-2 所示。

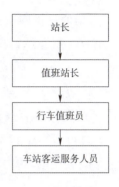

图 3-2　城市轨道交通车站行车组织架构

二、岗位职责

1. 站长

站长代表运营单位在车站行使属地管理权,其岗位职责主要包括以下几点:

(1) 根据工作目标和工作要求,车站工作计划组织和领导车站员工开展工作。

(2) 全面负责车站的安全管理工作,定期组织开展车站安全宣传、安全教育和安全检查,落实车站安全隐患的整改措施。

(3) 全面负责车站的客运服务工作,监督指导车站客运服务人员为乘客提供优质服务。

2. 值班站长

值班站长服从站长领导,其岗位职责主要包括以下几点:

(1) 组织本班员工开展工作,及时按程序要求向站长汇报工作情况。

(2) 负责本班车站运营组织工作,服从运营控制中心调度员指挥,组织执行相关调度命令。

(3) 负责本班安全工作,车站发生突发事件时,应根据应急预案和上级指令及时采取措施。

(4) 负责本班客运服务工作,监督指导车站客运服务人员为乘客提供优质服务。

(5) 负责巡视、检查车站设施设备状况,发现故障、异常情况及时处理和报告。

3. 行车值班员

行车值班员服从值班站长领导,其岗位职责主要包括以下几点:

(1)开展车站行车组织工作,服从运营控制中心调度员指挥,执行相关调度命令。

(2)负责操作、监控车站行车相关设施设备,掌握车站客流情况,发现故障、异常情况及时按有关程序处理和报告。

(3)负责车站施工作业登记及施工安全管理。

(4)负责记录交接班事项和其他需要记录的事项。

三、日常工作要求

1. 站长

站长负责本车站的安全管理工作,定期组织开展车站安全宣传、安全教育和安全检查,定期检查车站各岗位安全职责落实情况,作业操作是否规范等。

2. 值班站长

值班站长日常工作程序见表3-1。

值班站长日常工作程序　　　　表3-1

序号	工 作 程 序
1	参加车站组织的交接班会,落实相关工作
2	交接班,接班要确保掌握上一班情况和交接的工作事项
3	监督行车值班员及客运值班员交接
4	传达各类运营生产信息,布置相关工作
5	履行岗位职责,处理当班期间各项事务
6	与客运值班员共同完成打包票款、补币、补票、更换钱箱、清点钱箱、开尾箱等票务工作
7	定时巡站工作:检查设备区内设备状态;巡视公共区内的卫生、设备运作情况;巡视各岗位员工和非站务工作人员作业情况。完成巡站后,做好记录,填写相关日志文件
8	检查站务人员关键环节作业情况:售票员、客运值班员配票、票务处交接情况
9	组织召开中班接班会,向中班员工布置工作
10	处理落实文件的工作,交办工作安排,布置完成相关工作
11	晚班应掌握当晚施工计划,并向行车值班员布置施工注意事项
12	做好与尾班车相关的客运组织工作,执行关站程序
13	运营结束后确认所有售票员的票务处钥匙已回收,做好记录

续上表

序号	工作程序
14	登记当天全站员工的工时
15	完成晚上施工作业办理；监控施工请点及销点过程，设置、撤除防护，监控施工过程，履行配合施工的职责
16	完成运营前检查工作
17	核查行车值班员填写的"运营日况信息表"
18	审核当天票务报表
19	运营开始前与客运值班员完成补币、补票等票务工作
20	执行开站程序
21	开站后巡查早班员工上岗情况，更换乘客监督窗相片

值班站长交接班事项，主要包括以下方面：

（1）交班前须检查所保管的钥匙、备品和门禁卡情况，检查各类台账，写好交班事项，做好交接班准备。

（2）接班人签到后开始交接，交接时检查、清点钥匙、备品和门禁卡等，核对各类台账。

（3）检查文件、邮件，核实交班人完成或未完成的工作，在接班中对模糊或有疑点的问题要了解清楚。

（4）完成交接班后，接班人在交接班记录上签名，交班人可签退，签名后如出现因交接不清而产生的问题，由接班人负责。

3. 行车值班员

行车值班员日常工作程序见表3-2。

行车值班员日常工作程序　　　　　　　　　　表3-2

序号	工作程序
1	参加车站组织的交接班会，落实相关工作
2	交接班，接班人要确保掌握上一班情况和交接的工作事项
3	阅读文件，传达各类运营生产信息，执行相关工作
4	通过闭路电视监控列车运行状态、站台乘客上下车情况及站台工作人员情况，播放相应广播
5	定期查看各种设备的运行状态、温度和客流情况，按规定向运营控制中心汇报
6	通过闭路电视掌控车站各岗位人员动态及客流情况，做到合理调配
7	完成运营时间的施工作业办理
8	晚班接班后，须掌握当晚施工计划，提前做好预想
9	做好与尾班车相关的客运组织工作，执行关站程序

续上表

序号	工 作 程 序
10	按规定时间转换环控模式
11	完成夜间施工作业办理
12	完成运营前检查工作
13	填写"运营日况信息表"
14	检查钥匙、备品情况,确保能满足当天运营需要
15	执行开站程序
16	确认各岗位到岗情况

行车值班员交接班事项,主要包括以下方面:

(1)交班前须检查所保管的钥匙、备品和门禁卡情况,检查各类台账并写好交接班事项,做好交接班准备。

(2)接班人签到后开始交接,交接时检查、清点钥匙、备品、门禁卡和车控室内设备等,核对各类。

(3)接班人要详细了解"当班情况登记簿""调度命令登记簿""故障报修登记簿"上记录的内容和其他交接班事项,核实交班人完成或未完成的工作,在接班中对模糊或有疑点的问题要了解清楚。

(4)交班人注销相关设备和系统,接班人登记进入。

(5)完成交接后,接班人要在交接班记录上签名,交班人可签退,签名后如出现因交接不清而产生的问题,由接班人负责。

四、突发事件应急处理要求

城市轨道交通车站行车作业,在应急情况下通常采取扣车或者电话闭塞法行车,下面主要介绍这些方法应急处置的要求。

1. 扣车处理要求

扣车按照"谁扣谁放"的原则操作。列车自动监控(ATS)系统出现故障时,对行车调度员已扣停的列车,经行车调度员授权后由相关车站放行。当车站实施紧急扣车操作时,应及时报告行车调度员。

2. 车站电话闭塞法行车要求

当基本闭塞设备不能使用时,根据行车调度员的命令采用电话闭塞法行车。中央工作站及车站工作站上一个或多个联锁区均无法对线路运行车辆进行监控时,车站根据命令采用电话闭塞法行车。

(1)相邻两站运行方向头端站界标之间即为一个电话闭塞区间。

(2)依据命令改变闭塞方式,以路票作为占用闭塞区间的行车凭证,闭塞区间内列车采用非限制人工驾驶模式运行;列车需反方向运行时,车站需在路票左上角加盖"反方向运行"专用章,非固定股道接车应写明接车股道。

(3)列车进出折返线或存车线时,凭车站值班员的手信号运行。

(4)列车司机接命令,与行车值班员核对路票无误后,方可关门,凭发车手信号行车。

第四节 车辆基地行车组织

车辆基地行车作业是城市轨道交通系统行车组织的主要组成部分之一,由车辆基地调度员统一指挥,主要负责车辆基地日常运营和设备维修组织等工作。车辆段行车组织工作,必须贯彻安全生产的方针,坚持高度集中、统一领导的原则,发扬协作精神,各部门、专业要主动配合,紧密联系,协同动作,减少各种等待、干扰时间,加速机车车辆的周转,确保安全、高效地完成运输生产任务。

一、组织架构

车辆基地行车组织工作由车辆基地调度统一指挥。车辆基地各级调度员要根据各自职责任务独立开展工作,并服从车辆基地调度员的指挥和协调。城市轨道交通车辆基地行车组织架构如图3-3所示。各城市根据车辆基地作业职责不同,对调度工作岗位设置有所不同。例如,部分城市没有设置车辆检修调度员而设置生产调度员,但是完成的工作内容基本相似。

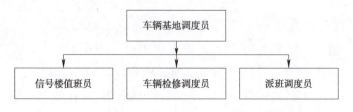

图3-3 城市轨道交通车辆基地行车组织架构

二、岗位职责

车辆基地内作业应以接发列车为优先，其他作业不能影响列车出入车辆基地。接发列车应灵活运用股道，做到不间断接车，正点发车，减少转线作业，备用车应停放在便于出车的股道上。车辆基地调度人员包括车辆基地调度员、信号楼值班员、车辆检修调度员、派班调度员等，其各自的岗位职责主要如下。

1. 车辆基地调度员

统一指挥车辆基地内的行车组织工作，全面负责组织实施列车、机车车辆转轨、取送作业，组织实施调试作业、列车出入车辆基地等工作，合理科学地调配人员、机车车辆，协调安排车辆基地内行车设备、消防设备及库房等设施设备的检修、维护。向行车调度员通报运用列车情况，协调基地内部与外部的工作，组织相关部门及时处理设备故障问题。

2. 信号楼值班员

按照车辆基地调度员的指挥，负责接发列车组织工作。通过操作信号楼计算机联锁设备控制室相关设备，执行接发列车、调车作业计划，实现计算机联锁设备的用途及功能。事故救援情况下，确认开行车次、时间、开行方向、发车轨道等，及时办理发车进路开放信号，按要求的时间组织救援列车驶出车辆基地。

3. 车辆检修调度员

负责车辆的计划维修、故障抢修、事故处理、调试、改造作业并组织实施，监视所有车辆技术状态，提供运行图规定的列车上线服务，确保车辆状态良好并符合有关规定。负责车辆检修内务管理，协调、调配车辆完成管理部门下达的生产任务。

4. 派班调度员

负责安排列车司机出/退勤作业，制订和组织实施列车司机派班计划，遇突发事件及时调整交路、调配好列车司机派班。负责与车辆检修调度员交接检修及运用列车，与出勤及退勤列车司机交接运营列车，向行车调度员通报列车司机配备情况。协助乘务管理部门管理列车司机日常事务，检查落实各项管理制度和作业安全规定。

三、日常工作要求

城市轨道交通车辆基地行车组织,按照车辆出入库先后顺序,可以分为列车入段(库)作业、列车段(库)内作业、列车整备作业及列车出段(库)作业等。下面主要介绍各个阶段的日常工作内容和要求。

1. 列车入段(库)

正常情况下,列车经由入段线入段。列车入段凭防护信号机的显示,在入段线的有码区按人工 ATP 方式运行,在入段线的无码区按限速人工驾驶方式运行。在设备故障或检修施工时,列车可以由出段线入段,但应得到行车调度员准许。信号楼值班员在办理列车接车作业时,应确认接车线路是否处于空闲状态,停止影响接车进路的调车作业。

列车入库按调车作业有关规定进行,进入车库前应在车门外一度停车。有人接车时按接车员入库手信号驶入车库;无人接车时,列车司机应下车确认库门开启正常、接触网送电,而后方可驶入车库。

2. 列车段(库)内作业

列车进入车库停稳后,列车司机应对列车进行检查,在确认列车无异常后携带列车钥匙、列车司机报单及其他相关物品办理退勤手续,然后向乘务组长汇报当日工作情况,并听取次日工作安排与注意事项。

在发现列车技术状态不良时,列车司机应在有关报表中详细记录。在发生列车晚点、掉线、清客、行车事故与救援时,车辆基地调度员应组织当事人及有关人员填写情况报告并及时上报有关部门处理。此外,车辆基地调度员还应对当日列车故障与安全情况进行统计。

3. 列车整备作业

列车整备作业包括列车清洗、列车检修和车辆验收三部分。

(1) 列车清洗。列车清洗包括车辆内部的清扫、清洁和车身外部的清洗等,根据清洗计划进行作业。列车清洗计划应下达给信号楼值班员、调车司机、调车员及其他相关人员。列车清洗时的驾驶按调车作业办理。

(2) 列车检修。列车回库停稳、收车后,如无列车清洗等其他作业,车辆基地调度员应及时与车辆检修部门办理车辆交接手续。未办理交接手续、未经车辆基地检修调度员同意,检修部门不得擅自进行列车检修作业。正在进行列车检修作业的车辆,未经车辆检修调度员同意,不得擅自调动,无关人员不得擅自动车。

(3)车辆验收。车辆基地调度员接到车辆检修部门移交的车辆后,应指派专人对车辆技术状态进行检查,确认车辆技术状态符合正线运行要求后方能接收和投入使用。

4. 列车出段(库)作业

列车出库前应确认信号开放与库门开启正常,并注意平交道是否有人员、车辆穿越。当规定的出库时间已到而出库信号仍未开放时,列车司机应主动联系信号楼值班员或者车辆基地调度员了解信号开放情况。正常情况下,列车经由出段线出段。列车出段凭防护信号机的显示,在出段线的有码区按人工ATP方式运行,在出段线的无码区按限速人工驾驶方式运行。信号楼值班员在办理列车发车作业时,应确认出入段线区间空闲,停止影响发车进路的调车作业。

四、突发事件应急处理要求

城市轨道交通车辆基地的常见与行车相关的突发事件主要包括道岔防护信号机显示不正常、联锁设备故障等。下面分别介绍这两种突发事件的应急处理方法和要求。

1. 道岔防护信号机显示不正常

(1)故障判断。若发生信号机主灯丝断丝报警,车辆基地调度员要与中央调度终端确认进路排列是否正确,与列车司机确认列车车载信号显示是否正常,与车站确认是否有相关报警出现。如进路排列和车载信号均正常,则为现场信号机故障。

(2)故障处理。车辆基地调度员通知维修调度员和驻站维修信号人员,进行进一步的检查。车辆基地调度员需要安排维修人员下路轨进行检查时,应根据当时在线列车情况决定是否授权检查。

(3)车辆基地调度员与即将通过该联锁区的列车司机取得联系,通知该信号机显示故障,当列车到达联锁区时与列车司机确认车载信号是否正常,并且通知其注意道岔位置;车辆基地调度员在许可列车司机驾驶列车驶过联锁区时,必须要和列车司机确认车载信号正常,同时道岔位置正确。

2. 联锁设备故障

(1) 进路道岔区段轨道电路故障(红光带),开放引导信号接车。

①信号楼值班员通知行车调度员、车辆基地调度员,联系生产调度员和信号工班及时检修,并在施工检修作业登记簿内登记。

②信号楼值班员派有关人员到现场检查确认进路处于空闲状态,无危及行车安全的情况。准备接车进路,开放引导信号,信号楼值班员按下道岔操纵按钮及道岔总定位或总反位按钮,将进路上的道岔单操至所需位置,并再次确认进路道岔位置是否正确。将故障区段上的道岔实施单锁,按下设在单操道岔按钮下方的道岔单锁按钮,该道岔即被单独锁闭,其按钮表示灯亮红灯。

③信号楼值班员确认引导信号开放好后,用无线电台呼叫列车司机:"××信号机引导信号开放好"。

④列车司机听取"××信号机引导信号开放好"并复诵,确认引导信号开放好后,按规定运行速度要求驾驶,越过该信号机,并随时做好停车准备。

⑤信号楼值班员确认列车整列到达接车线股道且停车妥后,解锁接车进路。

(2) 进路道岔区段道岔表示器故障,开放引导信号接车。

①信号楼值班员报告行车调度员、车辆基地调度员,联系生产调度员和信号工班及时检修,并在施工检修作业登记簿内登记。

②信号楼值班员派有关人员到现场检查确认进路空闲,无危及行车安全的情况,检查确认故障区道岔位置正确。

③准备接车进路,开放引导信号:按下道岔操纵按钮及道岔总定位或总反位按钮,将进路上的道岔单操至所需位置,并再次确认进路道岔位置正确。按压引导总锁闭按钮,将该咽喉区域的联锁道岔均锁于所处位置,然后再按下引导按钮,引导信号机开放,该信号机亮白灯。

④信号楼值班员确认引导信号开放好后,用无线电台呼叫列车司机:"××信号机引导信号开放好"。

⑤列车司机听取"××信号机引导信号开放好"并复诵,确认引导信号开放好后,按规定运行速度要求驾驶,越过该信号机,并随时做好停车准备。

⑥信号楼值班员确认整列列车到达接车线股道停好车后,解锁接车进路。

第五节　列车驾驶

列车驾驶是城市轨道交通运营活动的重要组成部分,其主要作业任务由列车司机承担。列车司机是城市轨道交通的关键岗位,主要负责正线、辅助线和车辆基地内列车驾驶,同时应保证安全、正点完成驾驶作业任务。列车驾驶安全直接关系城市轨道交通的运行安全。

一、岗位职责

列车司机是城市轨道交通列车的驾驶人员,当出现列车故障时进行及时有效处理,确保列车运行安全。列车司机要严格按照企业并安全生产制度、行车规则操作,并根据列车运行图,严格执行调度命令和信号显示要求行车,严禁臆测行车。上岗前,列车司机应经过系统岗位培训,进行车辆故障、火灾、停电和脱轨等险情的模拟操作;在经验丰富的列车司机的指导和监督下,驾驶里程不少于5000km。列车司机经培训考核合格后,持证上岗。

二、日常工作要求

列车司机驾驶列车过程,主要分为出勤准备、正线驾驶、回库退勤3个环节,以下分别介绍日常工作要求。

1. 出勤准备

出勤是列车司机在投入运营前重要的准备阶段,需要做好出库前的各项工作准备,包括业务准备、生理准备及心理准备等。

(1)列车司机出勤前应充分休息,严禁饮酒或服用影响精神状态的药物,酒精检测不得超标;出勤时应按规定着装,携带驾驶证、驾驶员日志、手电筒等行车必备物品;禁止携带与工作无关的物品,列车司机出勤准备如图3-4所示。

(2)领取钥匙。列车司机领取站台门钥匙、列车车门钥匙、主控锁钥匙等,以便操控列车。城市轨道交通列车司机出勤领取的驾驶钥匙如图3-5所示。

(3)列车司机在出勤前,应抄写调度命令、值乘计划及当日行车安全注意事项;了解车辆、线路技术状况,做好行车预想。列车司机出勤前的记录工作如

图3-6所示。

(4)列车司机在车辆基地出勤前,应熟知值乘车号、车次、列车停放股道等信息,领取列车钥匙等物品。

图3-4　列车司机出勤准备

图3-5　列车司机出勤领取的驾驶钥匙

2.整备作业

列车司机在车辆基地出勤前应对列车整备情况进行检查作业(图3-7),作业主要包括以下内容:

图3-6　列车司机出勤前的记录工作

图3-7　列车司机做相关检查作业

(1)列车司机应检查确认列车走行部位、电器箱体及车体外观等无异常,确认车辆限界内无人员及异物侵入。

(2)列车司机应做好列车发车前的检查和试验,确保列车在投入运营前技术状态良好。列车司机在司机室做列车检查和试验如图3-8所示。

(3)列车司机应对两端司机室进行检查,确认操作手柄、开关处于规定位置,灭火器、随车工具等备品齐全、封条完好。

3. 正线驾驶

(1)列车司机在驾驶列车时,应满足以下要求:

①精神集中、加强瞭望,注意观察仪表、指示灯、显示屏的显示和线路状态。

②严格执行"手指眼看口呼唤"作业规定,做到内容完整、时机准确、动作标准、声音清晰。列车司机执行"手指、眼看、口呼唤"规定如图3-9所示。

图3-8　列车司机在驾驶室做列车检查和试验　　图3-9　列车司机执行"手指、眼看、口呼唤"规定

③运行过程中发生列车故障或发生危及运营安全情况时,应按相应预案要求果断处理。

④接到调度命令时,应逐句复诵,确认无误后认真执行;对调度命令有疑问时,应核实清楚后再认真执行;换班时,应准确交接调度命令。

⑤其他人员需登乘列车司机室时,应认真查验登乘凭证并做好记录。

(2)列车司机在运行中发现有影响行车的障碍物、区间有人员、线路有异常等情况时应果断停车,并将情况立即报告行车调度员,按行车调度员指示处理。

(3)列车发生故障时,列车司机应按行车调度员指令采取措施。列车发生突发事件时,列车乘务员应及时通过列车广播向乘客说明情况。

4. 回库退勤

列车司机退勤时,应当满足以下要求:

①应交回行车备品,汇报运行情况,确认下次出勤时间及地点。

②如在驾驶过程中发现列车故障,应将故障及处理情况如实报告。

运营单位应合理制订乘务组织计划,保证列车司机两次值乘之间有充足的休息时间;在线路两端的车站,应设有列车司机休息和就餐等场所。

三、突发事件应急处理要求

列车司机在主要职责范围内的常见突发事件包括：列车运行中发生火情时的处理，天气原因导致瞭望距离不足时的操作，列车遇水害时的操作，接触网挂有异物时的处理及发生接触网停电时的处理等。下面主要针对这些故障（事故）处理提出相关要求。

(1) 火灾情况下列车运行处置。

①列车发生火情应及时停车，尽快找到起火设备并切断其电源，及时向行车调度员或行车值班员报告，并立即使用灭火器灭火。

②当运行至车站的列车发生火情时，应立即打开车门疏散乘客，同时利用广播予以清客。当在区间发生火情的列车不能运行至车站时，应立即停车并尽可能停在平直线路上。列车司机应与行车调度员联系申请线路停电，得到停电通知并确认后，及时进行列车广播并在区间疏散乘客。

③列车司机应将乘客情况及车辆具体技术状况报告给行车调度员，按其指示办理。如需救援时，按救援的有关规定办理。

④列车在运行中发生异味或冒烟时，应尽快查明原因，果断处理。

(2) 因天气原因导致瞭望距离不足情况下列车运行处置。

①列车运行时遇到雾、暴风、雨、雪、沙尘等天气瞭望困难时，列车司机应及时将情况报告给行车调度员或行车值班员，必要时开启前照明灯与标志灯，适时鸣笛，适当降低车速。当看不清信号、道岔时，要停车确认，严禁臆测行车和盲目抢点，列车进站时要控制车速，确保对标停车。

②运行中按规定适时鸣示音响信号，加强瞭望，确认信号后再行驶。遇有显示停车信号时，要果断停车，及时与行车调度员或行车值班员取得联系，按其指示行车。

③因天气原因能见度较低时，原则上应停止运行。

(3) 大风情况下列车运行处置。

列车在运行中遇有大风恶劣天气，危及行车安全时，列车司机接到行车调度员或行车值班员的通知后，按其指示行车。当突遇大风，列车司机未接到通知时，应立即采取减速措施，必要时立即停车，并及时将情况报告行车调度员或前方车站行车值班员。

（4）水害情况下列车运行处置。

①列车在区间遇水害时，列车司机要根据水害情况立即停车并查明情况。如走行轨露出水面，列车司机可减速通过水害区段，并及时将相关情况报告给行车调度员或行车值班员；如需退行时，按有关规定与行车调度员或行车值班员联系，得到准许后以不超过15km/h的速度将列车退至安全地带后，并按行车调度员的指示办理。

②水害造成路基塌陷、滑坡等危及行车安全时，列车司机应立即停车，将情况报告给行车调度员或行车值班员，按其指示办理。

（5）接触网挂有异物情况下列车运行处置。

①发现接触网挂有异物时列车司机应立即停车。地面线路或高架线路上如发现接触网挂有异物需处理时，需向行车调度员报告，在得到行车调度员许可后，方能下车用绝缘杆清除异物。

②车头越过接触网悬挂异物时或异物较难清除时，列车司机可向行车调度员报告，经行车调度员同意后，采用相关措施绕过接触网悬挂物的方式继续运行。接触网异物可由后续列车处理。

③列车司机发现邻线轨道接触网挂有异物时，应及时向行车调度员报告，并说明具体位置。

（6）接触网(轨)停电情况下列车运行处置。

①列车在站停车发生接触网停电时，列车司机需及时向行车调度员或行车值班员报告，打开车门并向乘客广播；如停电无法短时间恢复，列车司机可根据调度命令进行清客并收车。

②列车在区间发生接触网停电时，列车司机应尽量将列车惰行至车站。如无法牵引被迫停在区间时，列车司机应及时与行车调度员或行车值班员联系，并通过列车广播安抚乘客；如接触网供电无法及时恢复，且车内乘客较多时，列车司机可根据调度命令进行疏散；接触网恢复供电后，列车司机应及时起动列车，并确认列车技术状况，如列车技术状况满足运营条件，可立即恢复运营。

第四章　客运服务管理

　　城市轨道交通客运服务是城市轨道交通企业为乘客提供乘车、票务、宣传和咨询等活动的总称。客运服务是城市轨道交通企业直接面向乘客的重要工作，是运营管理的重要组成部分。客运服务体现城市轨道交通运营管理水平，反映城市轨道交通服务质量，代表城市轨道交通企业的社会形象，是保障企业竞争力的关键因素。客运服务管理工作一般包括客流组织、票务服务、客运宣传及客运突发事件处置等内容，让乘客满意是客运服务管理工作的总体目标。

第一节　职责分工

　　车站是城市轨道交通客运服务工作的主要场所，也是客运服务工作的窗口。车站通常设置站长、值班站长、行车值班员、客运值班员、客服中心岗、站台岗和巡视岗等岗位，正常情况下由值班站长统一指挥。车站实行层级负责制，由上至下依次为站长、值班站长、行车值班员和客运值班员，实行集中领导、统一指挥的原则。

　　值班站长协助站长负责本班的具体工作和各岗位的协调分工，监督指导本班员工工作，指挥处理突发事件。行车值班员负责车站综控室的日常工作，监督车站客流和车站接发列车情况。客运值班员负责票务工作和乘客服务工作，监督客服中心岗、站台岗人员客服工作，协助处理突发事件。客服中心岗负责客服中心问询、充值、兑零和故障车票的处理工作。站台岗负责接发列车，维持乘客候车秩序，监视站台门开关状态和列车运行状态，必要时按照程序进行清客作业。巡视岗负责车站安全巡视工作，协助处理突发事件。

第二节 客流组织

一、工作内容

客流组织的工作内容主要包括售检票、疏导乘客进出站和乘车以及处置突发情况等。运营单位应根据车站出入口和扶梯等设施的布置,设置乘客流线,以简单明确、尽量减少客流交叉为原则,合理安排售票厅、问询处和检票闸机等设备的位置。同时,运营单位还应根据实际运营情况,完善车站内外的乘客导向系统,做到乘客快速分流,避免客流聚集和过分拥挤。

对于乘客有序乘降列车的处置,应做好以下工作:当乘客到达站台后,应指导乘客在规定位置排队候车;对于没有安装站台门的车站,应通过广播提醒乘客站在黄色安全线以外候车,不要探身瞭望,避免有乘客跳下或跌下站台;对于安装站台门的车站,要防止乘客倚靠或手扶站台门,避免站台门开启时乘客被夹伤或摔倒;列车门开启后,应组织乘客先下后上,避免乘客拥挤,提高乘降效率;当关门提示铃响后,应提醒乘客不要抢上抢下,防止车门夹伤乘客和影响列车正点发车。图4-1为设置在站台边缘提醒乘客安全乘降列车的黄色安全线。

图4-1 站台边缘黄色安全线

运营单位应编制每个车站的客流组织方案,分析车站周边环境及客运设施设备情况,分析车站客流特征,制定职责分工和控制措施等方案。

二、不同情况下的客流组织

对于现场处置,通常采取"谁启动预案,谁负责指挥"的原则进行,同时还要加强各单位之间的沟通协调和信息共享,确保信息通畅。车站是客流处置的责任主体,值班站长和值班民警是处置现场突发情况的负责人。值班民警会同值班站长组织指挥车站员工、保安和安检等力量,通过采取限流、引导和广播等措施疏导乘客。

1. 正常情况下的客流组织

正常客流情况下，乘客通过自动售票机购票，车票发生异常情况时在客服中心进行处理，各出入口应全部开放供乘客进出站使用，必要时可在出入口处或楼梯设置分流设施，减少进出站客流的冲突干扰；对于经过通道与站厅连接的出入口，当客流较大时，可组织乘客在通道内排队候车，当客流过大时，须在出入口外采取限流措施；对于与商业场所等连通的出入口，应考虑客流特征，与相关单位共同制定客流组织措施。

2. 大客流组织

对高峰时段、节假日、重大活动期间以及因运营故障引起的大客流情况下，运营单位应进行客流疏导，由值班站长负责现场指挥。控制中心负责线路的客流组织工作，值班站长负责车站客流组织工作，同时须及时向行车调度员报告车站客流情况。车站行车值班员应通过监控系统，加强对现场情况的监控工作。车站应加强大客流现场疏导工作，利用隔离带、隔离铁马做好秩序维护和服务组织工作，必要时可采取清客和封站措施。车站应根据大客流现场情况，利用告示牌、临时导向标志、车站控制室广播设备、手提广播等方式，适时做好乘客宣传和引导工作。当发生社会治安等突发事件时，由公安部门派员负责现场指挥工作，车站工作人员予以配合。

运营单位根据大客流发生的程度，可采取适当的限流措施。当站厅层非付费区乘客较多时，可在出入口采取部分出入口只允许出站或关闭出入口等限流措施，限制进站人数。当站厅层付费区乘客较多时，可关闭部分自动售票机和进站闸机，同时在进站闸机处控制进入付费区的乘客。当站台层出现客流拥挤时，可在站厅的楼梯及自动扶梯口控制进入站台的乘客人数，将站台至站厅的自动扶梯设置为向站厅方向，从而缓解站台层的客流拥挤状况。图4-2为城市轨道交通车站内外的大客流情景。

3. 换乘站客流组织

对于换乘站的客流组织，应及时掌握客流情况，密切注视换乘通道内的客流密度。在换乘大厅或换乘通道等易发生客流混行的区域，需设置必要的安全线或铁马隔离，以免流线不同的乘客互相干扰。

图 4-2　城市轨道交通车站内外大客流情景

第三节　票务组织

我国城市轨道交通企业主要采用单程票和非接触式智能卡两种,票务组织的工作内容包括制票、售票、检票、票款统计等。车站负责面向乘客进行票务咨询、售检票、车票信息查询、退票、退款、充值、更新、兑零和发票发放;负责自动售检票设备内现金和车票的补充、回收和清点;负责统计自动售检票设备操作信息、收益数据、车票数据。

1. 制票工作

制票工作主要包括单程票、应急票和赠票的编码和检查,包括制订票卡生产计划、票卡生产、库房管理、票卡配送和回收以及票卡消毒等工作。

2. 售票工作

对于售票工作,运营单位应提供半自动售票和自动售票服务,并组织乘客排队购票、充值;运营单位可使用分隔设施进行购票乘客的客流组织;衔接火车站、机场的车站会产生突发客流,需要大量的单程票,运营单位应在非高峰时段做好单程票的预处理工作,高峰时可直接售票,提高售票工作的效率。图 4-3 为城市轨道交通车站的售票厅。

3. 检票工作

对于检票工作,运营单位应按照出站优于进站的原则进行组织。闸机分为进站闸机、出站闸机和双向闸机,进站闸机和出站闸机按照设定方向使用,双向闸机可根据客流状况进行调整,尽量减少进出站客流的交叉,提高通行能力。乘客刷卡进站时,应组织乘客由进站闸机进站,提示乘客注意闸机的显示状态。对于携带儿童的乘客,应提示乘客先让儿童通过闸机。当遇到成人或身高超过1.3m的儿童未购票通过闸机时,应立即上前制止,并要求其购票;发现违规使用车票的乘客,应按规定程序执行,必要时与车站公安部门配合处理。图4-4 为城市轨道交通车站的检票闸机。

图4-3　城市轨道交通车站售票厅

图4-4　城市轨道交通车站检票闸机

第四节　客运服务要求

一、服务内容

运营单位应提供乘客问询、出行信息、乘车环境和宣传等服务。运营单位应明确服务人员的技能、服务用语和工作态度等方面的要求。问询服务应明确服务基本要求和设备配置要求;客运服务标志应明确张贴在醒目位置;客运服务规范及要求应悬挂在工作场所。乘客信息服务应明确设施设备配置要求、服务内容和规范要求。对于乘车环境服务,至少包括如下要求:温度、湿度、车站、车厢、卫生间、空调系统等乘客直接接触的服务设施的清洁、消毒和噪声控制等。

二、服务要求

乘客服务工作的重点是服务意识、礼仪规范、仪容仪表、岗位服务标准、服务语言标准等方面。工作人员应按规定着装,佩戴工牌;服务志愿者着志愿者服装;保安、安检、保洁着经运营确认的各委外单位统一工装。全线各车站售票亭、自动售检票设备、站台门、电动扶梯、导向标志、照明、广播系统等各类必需的客运服务设施应全部开启。具备条件的无障碍设施应全部投入使用，包含从地面到站厅、站厅到站台的残疾人专用电梯、残疾人专用卫生间、列车轮椅固定装置、盲文等，保证满足残疾人乘客的乘车需求。全线各车站的告示宣传用品、公交接驳备品、客流组织备品等应急备品准备就绪，确保宣传、告示和应急使用。全线客运服务人员要按照公司规定有理有节地处理好乘客问询和投诉问题。

从服务区域来分，客运服务可以分为乘客进出站服务、客服中心服务和站台服务。

1. 乘客进出站服务

在城市轨道交通客运服务中，最容易发生纠纷的是乘客进出站服务，其主要包括乘客进出闸机服务、乘客问询服务以及无障碍设施服务等。车站客运服务人员应正确佩戴服务标志，保持制服整洁，精神饱满，向乘客点头微笑或主动问候；发现设备故障后，应尽快报告；发现通道和站厅内有杂物或积水时，应通知保洁人员；留意进站乘客，并注意乘客出入闸机情况，如乘客无法进出闸机，应协助乘客前往客服中心进行处理；对于携带大件行李的乘客，应和乘客礼貌沟通，建议其使用垂直电梯或走楼梯，并引导其从宽闸机口进出车站。对于无障碍设施的管理，运营单位应安排专人负责，协助乘客使用。

2. 客服中心服务

运营企业通常会在车站设置客服中心，处理乘客提出的问询和投诉工作。客服中心位于车站的非付费区，负责车站的售票、补票和故障车票处理，工作人员应正确佩戴服务标志，售票准确无误；熟悉售票、补票等工作的基本操作程序；仔细聆听乘客的询问，耐心听取乘客的意见，解决乘客遇到的问题。遇到乘客投诉时，先向乘客抱歉和理解他们的不满，向乘客提出若干解决问题的建议。

3. 站台服务

站台服务是车站服务的重要组成部分，在早晚高峰时段，站台上来往乘客较多，稍有疏忽，就有可能发生安全事故，尤其是在乘客上下车时容易混乱，工作人员和乘客之间也容易发生纠纷。工作人员应留意乘客不安全行为，提醒乘客不要站在安全线以内候车；留意站台上乘客的需要，如发现乘客有身体不适或行动不便等情况，应主动上前了解情况，并尽量提供帮助；遇到特殊事件时，能正确、及时地进行站台广播；乘客物品掉入道床时，要阻止乘客跳下站台捡拾物品，及时使用工具为乘客提供拾捡服务。

第四章
客运服务管理

三、标志标识

车站对客流的引导应设有连续完整的标志标识,包括车站导向和应急疏散导向、站内和站外乘车导向、站厅和出入口标识,还应张贴警示类、禁止类和提示类标识,包括线路图、首末车发车时间、导引标识、票价信息、乘客须知、售检票、卫生间位置等客运服务标识和安全警示标识等,引导乘客安全有序进站、购票、候车、乘车出站。站外导向标志包括地铁标志灯箱、站外指示标志,以引导车站出入口200m范围内的乘客到达车站。

以香港地铁为例,为引导家长为超过规定身高的儿童购票,香港地铁把测量身高用的尺子做成卡通模样,如图4-5所示,吸引儿童自觉测量身高,为车站工作人员提供了方便,真正体现了人性化服务。

图4-5 香港地铁卡通式身高尺

四、服务设施

客运服务设施主要包括标志标识、车站和列车广播、闭路电视系统、乘客信息系统、照明系统、楼梯和自动扶梯、垂直电梯、时钟和紧急电话等,还包括车站出入口大门、站厅和站台座椅、垃圾桶以及各类警示牌等。车站广播系统主要向乘客通知列车到站、离站、线路换乘、列车晚点以及突发状况等信息。乘客信息系统在正常情况下可播放列车运行信息,在紧急状态下可发布各类救援和疏散信息。闭路电视系统主要为行车值班员提供车站站厅、站台和列车内的客流情况,为行车值班员进行高效组织和保障列车安全正点运行提供必要的信息;借助该系统,还可以进行运营安全事故的调查取证工作。

另外,为保障无障碍设施完好,为乘客提供便捷的乘车服务,运营单位还会制定专用通道和无障碍设施管理规定,图4-6为城市轨道交通车站的无障碍设施。车站工作人员应及时发现各类服务设施的异常情况,

图4-6 城市轨道交通车站无障碍设施

并向维修部门反映。

五、宣传服务

运营单位通过便民手册、乘车指南、网络微博以及安全乘车宣传片等多种形式,向市民宣传乘车、票务信息,创造安全、文明的乘车意识。尤其是在新开通城市轨道交通线路的城市,运营企业还可采取走进社区进行宣传等活动,让市民了解安全、文明乘车的相关知识。

第五节 相关规章制度

为做好客运服务工作,运营单位需要建立客流组织、服务设施、车站管理和票务管理等方面的规章制度。

1. 客流组织类

在客流组织方面,运营企业通常会建立客运服务岗位工作规范及岗位工作标准、运营服务规范、运营服务质量标准以及网络监督服务热线管理规定等制度。对于北京、上海、广州等日均客流量较大的城市,运营单位还会建立车站限流管理规定和大客流处置工作方案等规章制度。

2. 服务设施类

在服务设施方面,为保障服务设施的完好,更好地为乘客服务,运营单位通常会建立以下规章制度:

(1)运营服务信息管理办法。

(2)列车和车站广播管理规定。

(3)车站出入口显示屏管理规定。

(4)公告栏制作及张贴规范。

(5)导向标志和客运服务设施管理规定等。

3. 车站管理类

在车站管理方面,为保障乘客有序进站乘车,运营单位通常会建立以下规章制度:

(1)车站现场疏导方案。

(2)站台安全监护规定。

(3)视频监控设备管理规定。

(4)乘客进站乘车管理规定。

(5)商业广告设置管理规定。

(6)卫生保洁制度等。

4. 票务管理类

在票务管理方面,为保障票款安全和售检票工作的正常进行,运营单位通常会建立以下规章制度:

(1)票务管理办法。

(2)赠票管理办法。

(3)车站备用金管理办法。

(4)网络票价发布规定。

针对乘客使用的计次票卡,运营单位还会制定计次票卡管理规定等制度。对于因列车晚点或票卡缺陷造成乘客延误的情况,一些运营单位还会向乘客出示相关说明和致歉信,这也要求运营单位制定致歉信管理办法等。

第五章 车辆及车辆基地管理

城市轨道交通车辆的运用和维修工作是城市轨道交通系统的重要组成部分。车辆段与综合基地(简称"车辆基地")承担城市轨道交通车辆及其设施的运用和维修管理工作,是保证车辆始终处于良好技术状态的重要部门,是城市轨道交通为乘客提供安全、优质服务的关键。此外,车辆基地还负责对城市轨道交通供电、通信、信号等系统以及自动化、机电等设备,工务和建筑设施进行养护维修。

第一节 管理范围和要求

一、车辆基地组成

车辆基地(图 5-1)是城市轨道交通重要的配套系统,主要包括车辆段、综合维修中心、材料总库和培训中心四个基本部分,并辅以必要的办公、生活设施等。国内有些城市,还将行车调度指挥中心、城市轨道交通公安分局或运营公司部分职能处室整合在车辆基地内。此外,按照线路长度和车辆配属情况,还会辅助设置停车场。

图 5-1 车辆基地

(1) 车辆基地是城市轨道交通车辆运用、维修的主要场所,承担车辆停放、清扫、洗刷等日常工作和周检、月检以及大修等工作。对于运营里程在 20km 以上的线路,为了每天列车始发和收乘方便,往往在其一端设置一座车辆段,另一端只设置具备停放、运用、清扫、洗刷和列车技术检查功能的停车列检库和列车清洗库,称为停车场。一般来说,停车场只承担车辆的整备、清洁、停放任务及车辆检查工作,不负责车辆的维修工作。

(2)综合维修中心承担全线设施设备的定期维护、检修和故障排除,综合维修中心一般都和车辆检修场地设置在一起。综合维修中心一般由工建车间、机电车间、供电车间、通号车间和自动化车间等组成。

(3)培训中心是对城市轨道交通从业员工进行技术培训的重要基地。城市轨道交通系统是一个多专业的综合性交通系统,组织技术复杂,需要不断地对企业员工进行定期的技术培训,不断提高全员的技术业务水平,以保证正常运营。

(4)材料总库担负着城市轨道交通系统材料、配件、设备和机具,以及劳保用品等的采购、存放、发放和管理工作,为城市轨道交通工程各系统的建设、运营和维修所需材料、机电设备和配件等提供储存和供应服务,并负责材料的采购、保管和发放工作。在工程建设期间,材料总库可作工程材料、设备临时存放的场所。

二、车辆基地线路设置

一般地,根据车辆维修工作的流程和作业方式,车辆基地设置众多的线路和车库,实现车辆维修作业。按照各条线路承担的功能不同,城市轨道交通车辆基地线路主要包括停车线、出入段线、牵出线、静态调试线、试车线、洗车线和检修线等。检修线如图5-2所示。

图5-2 检修线

停车线为平直线路,供停放列车使用,一般设成车库;出入段线供车辆出入停车场或车辆段,一般设置为双线;牵出线用于段(场)内调车作业;静态调试线设置在静态调试库内,列车检修完毕在到试车线之前,供列车进行静态调试;试车线供定修、架修、大修后列车在验收前的动态调试,一般为平直线路,长度应满足远期列车最高运行速度、性能试验、列车编组、行车安全距离的要求;洗车线供列车停运时洗刷车辆用,在其中部设有洗车库,一般为贯通式。某城市轨道交通车辆段线路见表5-1。

某城市轨道交通车辆段线路表　　　　　　　表 5-1

线 路 属 性	线 路 名 称
连接线路	出入段线
停放线路	列车停放线
作业线路	列检作业线、月检作业线、维修线、临修线、架修线、洗车线
辅助作业线路	外皮清洗线、吹扫线、油漆线、不落轮线
试验线路	静态调试线、试车线
辅助线路	调机停放线、牵出线、材料装卸线、回转线、联络线、救援列车线

三、车辆基地库房设置

车辆基地库房设施主要有停车列检库、月（周）检库、定临修库、列车洗刷库、不落轮镟修库、静调库、临修库、大架修库、吹扫线、空压机站、内燃机车轨道车库、试车线以及设备维修车间、蓄电池检修库、救援办公室、备品备件库等。停车列检库兼有停车、整备、清扫、日常检查、司机出乘等多种功能；月（周）检库主要供列车进行月（周）等检修使用；定修库线路采用架空形式，中间设置检修地沟，两侧设置三层检修平台，作为车辆定修场所；不落轮镟床库主要用于城市轨道交通车辆转向架的轮对的镟削，一般不落轮镟床库及其前后一辆车范围的线路均为平直线路；列车洗刷库（图 5-3）建在洗刷线的中部，库内设有自动洗刷机，可对列车端部和侧面进行化学洗涤剂和清水洗刷。

图 5-3　列车洗刷库

四、车辆基地工艺设备设置

车辆基地工艺设备主要有：数控不落轮镟床、列车自动清洗机、架车机、公铁路两用牵引车内燃机车、起重运输设备、电源设备、专用工艺装备、机电检修检测设备、仪器仪表电器/电子检测设备、通用机电设备、清洗设备、转向架检修检测设备、救援设备等。

（1）数控不落轮镟床用于城市轨道交通车辆在整列编组不解列、车下转向架轮对不落轮的条件下,对车辆单个轮对的车轮踏面和轮缘的磨损、缺陷表面进行镟削加工。

(2)列车自动清洗机用于对城市轨道交通列车外表面实施自动洗车作业能够完成车身两侧(包括车门、窗玻璃、侧顶弧圆面)及车端面(包括端面肩部)的洗刷工作。

(3)架车机能同步提升多节不解钩的列车单元组,以便对列车车体下部的机械、电气部件进行维护、修理和更换。

(4)公铁路两用牵引车(图5-4)是一种既能在轨道上牵引,又能在普通道路上运行的两用牵引车,主要与镟床配套使用,主要用于镟轮线上牵引城市轨道交通车辆,亦可用于其他轨道的牵引作业或在地面道路上行驶。

图5-4 公铁路两用牵引车

五、车辆基地管理要求

车辆基地是城市轨道交通车辆停放、维护和检修的专门场所,是保证城市轨道交通车辆良好的技术状态和城市轨道交通正常运营的重要基础。车辆基地的管理主要包括车辆日常维护、检修各类库房、线路、设备的运用。一般来说,车辆基地具备以下功能。

(1)车辆停放及日常维护功能。承担全线配属车辆的停放、运用、清扫、洗刷和列车技术检查等管理工作;车辆的外部洗刷、内部清扫及定期消毒;司乘人员每日出、退勤前的技术交接;对运用车辆的日常维护及临修工作等。

(2)车辆检修功能。依据城市轨道交通车辆检修周期,定期完成城市轨道交通车辆的计划性维修。承担全线配属车辆的日常检修工作;承担全线配属车辆不落轮镟修工作;承担全线配属车辆的定修、临修工作;承担本线和其他线路配属车辆的架修和大修工作;承担新车或检修后列车的静调、动调工作。

(3)列车救援功能。列车发生事故或接触网中断供电时,能迅速出动救援设备起复车辆,或将列车牵引至邻近车站或车辆基地,并排除线路故障,恢复行车秩序。

（4）系统设施设备的维护维修功能。对城市轨道交通各系统，包括供电、通信、信号等机电设备和房屋建筑、轨道、隧道、桥涵、车站等建筑设施进行维护和维修等。

（5）材料物资供应功能。负责城市轨道交通系统在运营和维修过程中，所需各种材料、设备器材、备品备件、劳保用品以及其他物资的采购、储存、保管和供应工作。

（6）技术培训功能。负责对城市轨道交通各系统的工人、技术人员和管理人员进行培训。

六、车辆运用配备

城市轨道交通车辆运用配备指为完成全线全日行车计划所需要的各类保有车辆，包括运用车辆、在修车辆和备用车辆三部分，共同保障每日列车运用需求。

（1）运用车辆。运用车辆是指为完成日常运输任务所必须配备的技术状态良好的可用车辆，其数量与高峰小时开行的最大列车对数、列车运行速度及折返站停留时间等因素有关。

（2）在修车辆。由于运营过程中的损耗，车辆需要定期检修，以预防故障或事故的发生。在修车辆是指正处于检修状态的车辆。

（3）备用车辆。备用车辆是为城市轨道交通系统适应可能的临时或紧急的运输任务、预防车辆故障发生而准备的技术状态良好的车辆数。一般来说，这部分车辆可控制在10%左右。不过，对于投产不久的新线来说，由于车辆状态较好，当客流量不大时，备用车辆数量可适当减少。

第二节 车辆检修规程

由于运营过程中的损耗，车辆需要定期检修，以预防故障或事故的发生，这种定期检修的规程就是车辆检修规程。车辆检修规程的内容主要包括车辆检修级别和车辆检修周期，主要根据车辆设计的性能、各部件在正常情况下的使用寿命以及车辆的运用环境和运用指标来确定。

国内城市轨道交通车辆检修规程基本沿用了传统的城市轨道交通车辆的检修经验，虽然车辆检修采用了新技术，检修周期也不断延长，但车辆检修规程仍然主要是按照车辆运营公里数（运营时间）来制定。车辆检修规程分日常检修和定期检修。日检、周检、月检属于日常检修范畴，定修、架修、大修属定期检修范畴，除上述检修规程外，还可以有双周检、双月检或三月检等。各级检修周期依照车辆各系统具体性能和公司检修规程制度制定。

一、日检

日检是对当天运营回库的车辆所进行的与行车安全相关部件的日常检查和测试。日检于每日运营列车入库后进行，以保证次日列车的正常运营。

日检主要任务是对容易出现危及行车安全的各主要部件进行外观检查，对危及行车安全的故障及时进行处理。日检包括车辆主电路、控制电路、受流器、牵引电动机等电气设备，走行部分的转向架、轮对、齿轮箱及联轴节，车载设备的控制单元及各类信号、指示灯等的检查。其中，除各控制单元的检查以外，其余多以目测检查为主。各个城市的轨道交通车辆的日检内容基本相同，而在检查顺序上存在不同。

二、周检和月检

周检和月检是对车辆主要部件的运用状态进行的检查和测试，对相关部件进行维护，对磨损件进行更换，对危及行车安全的故障进行全面处理。月检（周检）是对列车全面细致的检查，主要任务是对车辆的重点部件及系统状态检查，对部件进行清洁和润滑，对车辆易损部件进行检查更换，以保证车辆走行部分的安全和电气控制性能的良好及易损耗件具有足够的工作尺寸；对牵引、制动、控制等主要系统进行全面检查、调试添注工作用油；对受电弓、牵引电动机、转向架、轮对、齿轮箱、车载设备的控制单元及各类信号、指示灯等进行检查。某城市检修计划见表5-2。

某城市轨道交通车辆检修计划　　　　　　　表5-2

检修类别	时间间隔	走行里程	检修停时
日检	1日	—	—
双周检	2周	4000km	4h
双月检	2月	20000km	48h
定修	1年	100000km	10日
架修	5年	500000km	25日
大修	10年	1000000km	40日

三、定修

定修属于预防性的维修,是车辆运营里程数每达到 10 万 km 或运营时间达一年时进行的检修。定修的主要任务是对车辆各系统状态进行全面检查和测试,对各部件的检查、清洁、润滑以及部分部件的修理并进行车辆调试。定修内容包括对重点部分如走行部分、受电弓、空调机、电气控制、牵引、制动等关键部件进行局部分解、检查、测试、修理、检修后进行静态和动态调试。如对各大部件的技术状态和作用进行检查,对检查发现的故障进行针对性处理;对仪器和仪表进行校验,对不良的设备及零部件进行更换或修理;对电气部分技术整定值进行检测及调整等。列车检修工艺流程如图 5-5 所示。

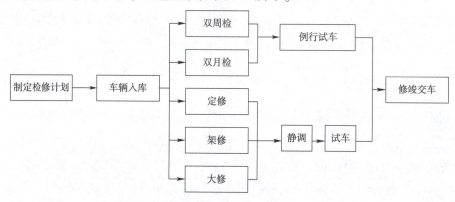

图 5-5 列车检修工艺流程

四、架修

架修是当车辆运营里程数每达到 50 万 km 或运营时间达 5 年时进行的检修,主要任务是检测和修理车辆的大型部件,需要将车辆尤其是对走行部进行分解处理,进行全面检查、测试、修理及更换等。一般架修的周期为 20 天,前 10 天主要进行无电状态下的检修,后 10 天进行有电状态下的检修和静态、动调试。

架修主要包括对转向架、受电弓、空调机、空压机、牵引电机、制动系统、车钩缓冲装置、车门、座椅和各种电气控制装置等部件进行分解、检查、修理、更换、试验,对仪表仪器进行校验,对车体及其余部件的技术状态进行检查和修理,检修后对车辆进行静态和动态调试。

五、大修

大修是全面恢复性的维修。大修是对车辆包括车体在内进行全面分解,整体修复,结合技术改造对部分系统进行全面的更换,对车辆各系统进行全面检查、测试、调试及试验。大修的主要任务是对车辆全面解体、检查、整形、修理和试验,对车辆进行性能的完全恢复,组装后重新涂漆、标记、静调和试车。大修后的车辆基本上要达到新车出厂水平。

总的来说,车辆通过定期检修后,要对车辆进行静态调试、试运转运行及动态调试。车辆各修程均以整列车为一个检修单元,采用定位检修作业,部分零部件根据检修工艺需要采用流水作业。上述检修规程中,高等级修程都涵盖低等级检修规程中的检修内容。

第三节 车辆检修及运用

一、车辆检修及运用部门

城市轨道交通运营单位根据列车运行图,统筹车辆配属情况及车辆检修计划,编制列车运用计划。运营单位下辖车辆检修部门和运用部门。

1. 车辆检修部门的主要工作范围

(1)车辆检修部门根据列车运用计划,制订相应的列车检修计划。制订列车检修计划时应考虑列车的修程和车辆检修条件,在保证列车运输需求和运行质量的前提下制订计划。列车检修计划出台后,车辆检修部门应认真组织实施。车辆检修部门按车辆检修规程和检修工艺,将列车修竣并经检验合格后与车辆运用部门进行列车交接。运用部门将修竣完好的列车及时纳入列车运用范围。

(2)在每日列车运营结束后,车辆检修部门对回库列车进行日常检查和维修。经检查和维修恢复良好技术状态的列车,检修部门交列车运用部门并作为次日运用列车。当故障列车需要进一步检修时,需将车辆转为临修进行修理。

(3)运营列车在途中发生故障时,若在列车司机处理范围之内,并经司机处理恢复良好运用状态的列车,可继续运行或维持运行,尽量避免救援;列车司机若不能处理,应尽快组织救援,保证运营线路的畅通。

2. 车辆运用部门的主要工作范围

(1)车辆运用部门掌握所属列车运用情况,根据列车运行图合理调度运用列车和确定列车司机,确保列车正常运营。

(2)安排列车司机配合车辆检修部门进行列车动态调试工作。

二、车辆检修人员和管理

城市轨道交通企业应根据定岗定编方案,结合自身车辆运用特点合理设置检修工班,安排人员负责车辆检修生产组织、车辆日常检查和定期检修工作。一般来说,检修工班的设置与车辆修程的划分有关,常见划分形式主要包括日检班组、月检班组和定修班组。日检班组主要负责车辆日检和维护工作,列车日常故障的处理工作,同时也涉及双周检等工作。由于列车数量多、日检工作量大,班组人员配置较多。月检、定修班组主要承担月检以及定修等计划性维检修工作。针对车辆检修工作,城市轨道交通运营单位应建立一套完善的维修管理体系,建立公司级、中心级、班组级维修管理规章规程,严格规范检修工作。一般来说,维修管理规章规程主要包括各类台账、履历簿,电客车检修规程、检修作业指导书、救援设备作业安全规则等。

车辆基地技术类管理规程见表5-3。

车辆基地技术类管理规程示例 表5-3

序 号	类 别	文 本 名 称
1	管理类	工程车运用管理办法
2		列车调试管理办法
3		信号楼运作手册
4		车辆基地运作手册
5		车辆基地控制中心运作手册
6	检修类	列车日检规程
7		列车双周检规程
8		列车双月检规程
9		固定式架车机操作检修规程
10		洗车机操作检修规程
11		不落轮镟床操作检修规程

续上表

序 号	类 别	文 本 名 称
12	安全应急类	车辆段、停车场安全作业规则
13		车辆段(停车场)火灾应急处理程序
14		车辆紧急救援预案
15		工程车故障应急处理指南
16		列车应急故障处理指南

城市轨道交通企业应建立车辆维修基础资料档案管理制度,主要包括车辆维护与修理手册、易损易耗件目录、部件功能描述技术文件、车辆电器部件接线图、车辆各系统电路图、车辆布线图、车辆部件拆装工艺和流程等。同时,建立车辆维修档案管理制度,严格记录和存档车辆维修、使用信息,维修记录应至少保存5年。

车辆检修设备使用管理,应满足以下要求:

(1)由专人负责管理,建立设备台账、履历簿、操作手册,对各类设备分别制定管理制度,建立各级检修维护规程和工艺流程。

(2)保证良好状态,并由专业人员维修。特种设备应由具备资质的专业单位负责维护、修理,并按规定进行安全检测。

(3)检修设备上的计量器具,应根据规定的周期进行计量检定。

第六章 设备管理

城市轨道交通设备系统是运营管理的"基石",运营管理要做得好,首先就得保证设备运行状态良好,维护保障工作有力。本章将从设备管理的范围入手,按照城市轨道交通设备的专业划分,介绍每个专业设备的服务对象、功能定位和系统构成,重点突出其日常运用和维护的特点,并通过选取典型的故障处理介绍该专业设备的维护重点和难点。

第一节 管理范围

一、城市轨道交通设备系统的组成

目前,就城市轨道交通制式中最为普遍的地铁和轻轨而言,除车辆系统之外,还应包括如下两类系统。

1. 为保证行车所必须设置的系统

（1）供电系统。供电系统是为城市轨道交通运营提供电能的系统,它既为电动列车运行提供牵引用电,又为运营服务的其他设备系统(比如通信、信号、照明、自动扶梯、火灾报警与自动灭火等系统)提供电能。

（2）通信系统。通信系统主要由传输系统、电话系统、无线调度系统、时钟系统、视频监视系统、广播系统等子系统组成,在正常情况下保证列车安全高效运营、为乘客提供高质量的服务保证,在异常情况下能迅速转变为供防灾救援和事故处理的指挥通信系统。

（3）信号系统。信号系统由计算机联锁子系统、列车自动防护子系统（ATP）、列车自动驾驶子系统（ATO）、列车自动监控子系统（ATS）和一些安装在轨旁的现场设备组成,是具有行车指挥和列车运行控制功能的重要系统。

2. 面向乘客的运营服务与安全保障系统

(1) 综合监控系统。高度集成的综合自动化监控系统,通常集成了环境与设备监控系统和电力监控系统等自动化监控系统的功能,形成统一的监控层硬件平台和软件平台,从而实现对地铁主要机电设备的集中监控和管理、对列车运行情况和客流统计数据的监视等功能,最终实现相关各系统之间的信息共享和协调互动功能。设置了综合监控系统的城市轨道交通系统通常不另外设置环境与设备监控系统和电力监控系统。

(2) 环境与设备监控系统。环境与设备监控系统是对城市轨道交通沿线车站、区间和相关建筑内的通风、空调与采暖、动力照明、给排水、站台门、电梯与自动扶梯等设备进行集中监控和科学管理的系统。

(3) 通风、空调与采暖系统。通风、空调与采暖系统的主要功能是调节车站站厅、站台、隧道、设备及管理用房以及控制中心、车辆段的指定区域内的空气温度、湿度,并控制二氧化碳、粉尘等有害物质的浓度,以满足人体健康及相关设备正常运行的要求。

(4) 火灾自动报警系统。火灾自动报警系统的主要功能是在发生火灾的初期及时发现火情,并通过消防联动控制相关系统动作,将火灾扑灭于初始状态,使损失降到最低。

(5) 自动售检票系统。自动售检票系统包括用于自动售票、自动检票和自动统计、结算、清分的一系列设备组,其正常、有效地运行是城市轨道交通客运及票务组织有序、高效运作的前提保证。

(6) 站台门。站台门安装于城市轨道交通沿线车站站台边缘,用以提高系统运营安全、改善乘客候车环境、节约运营成本。其主要功能是在列车进站时配合列车车门动作打开或关闭滑动门,为乘客提供上下列车的通道。

(7) 电梯与自动扶梯。电梯与自动扶梯的主要作用是保证客流的及时疏散和方便乘客进出车站,还能满足残疾人等特殊人群的出行需求。

(8) 给排水系统。给排水系统由给水和排水系统两部分组成,其功能是满足生产、生活和消防用水对水量、水质和水压的要求,保证车站和车辆段排水畅通,为轨道交通安全运营提供服务。

二、城市轨道交通设备管理的主要内容

城市轨道交通设备管理应按照长远、全面、系统的原则，采取一系列技术、经济的组织措施，力求设备寿命周期费用最经济、综合效率最高，从而获得最佳经济效益。下面介绍城市轨道交通运营设备管理的主要内容。

1. 前期规划设计管理

城市轨道交通建设由于投入资金巨大，一旦设备前期规划和设备选型失误，将会给运营造成巨大损失。因此，设备前期管理中的规划、设计、选型、制造、安装、投用等管理工作是设备管理的重要内容。在线路前期规划和设计阶段，城市轨道交通设计、系统设备选型应考虑适应未来网络化运营及资源共享的需要，避免网络中线路系统设备兼容性、资源共享性差的问题，避免在轨道交通网络化形成后再探讨新的线网运营方式。

在国内，目前老线路的设备更新主要由运营单位来选择设备，而新建线路设备的选择还主要由设计和建设部门决定。但从长远发展角度来看，为了保证新建线路的设备能很好地满足运营需求，运营单位应该参与到新建线路的生产设备选择中。目前我国广州、南京等地的轨道交通建设中，运营单位也派专人参与到新建线路设备的需求制定和选择中。新线路的设备选择要注意为今后设备更新提供方便；老线路的设备更新则要注意与原设备的相关设备匹配和再发展等因素。

2. 设备管理组织形式确立

城市轨道交通设备管理应尽量减少行政管理层次，采用设备专业分工管理的组织形式，并且把技术管理工作重点放在生产第一线。行政和技术管理上采用逐级负责制，明确每级部门的工作目标、权力和所应承担的责任，同时还要建立内部监督和审核体制，对成本控制和质量管理严格把关。对此，可考虑在总部建立专门的控制部门，逐级配有专人负责参与对整个企业进行系统控制，为企业领导做决策工作提供参考依据。对于规模较大的项目，还应引进外部监督，通过政府主管部门和社会专业机构的第三方审核来为企业把关，这可降低因管理不当而给企业造成损失的风险。

目前，有些城市轨道交通运营单位同时管理多条线路，而且线路分布面较广、纵横交错且设备种类繁多，可考虑把整个网络划分成若干个区域进行现场管理。当然，各专业应根据各自设备的实际分布特点，决定如何划分区域。这样

做,一方面可以减少现场工作中路途往返所占用的时间,另一方面能加快现场设备故障处理速度,减少因设备故障对正常运营造成的影响。

3. 正常运行维护工作

正常运行维护工作应至少包括设备巡视、记录、设备维护等内容,不同设备还可以根据其系统特点指定特定的工作内容。

(1)设备巡视。按照规定的周期和项目,按指定的巡视安排进行设备检查,在必要时依靠有关测量仪表和显示装置等及时掌握设备的运行情况,以预防设备事故。凡遇到特殊天气或客流异常变化时,要按相应重点检查项目对相关设备进行特殊巡视。根据设备缺陷的等级,按职责范围加以消除或隔离,以保证城市轨道交通系统运行的安全和质量。

(2)记录。按照规定的时间和项目,通过人工或自动装置对运行数据、运行环境、调度指令和操作、施工检查、事故处理等情况进行记录。

(3)设备维护。设备维护是按照所处的环境、规定的周期与项目以及设备运行情况,进行的设备维护工作。

4. 维护模式选择

根据运营单位参与维护的程度和职责不同,目前我国城市轨道交通设备维护主要有三种模式,即自主独立维护、联合维护和委外维护。

(1)自主独立维护。自主独立维护指所有的设备维护工作由运营单位自主完成。

(2)联合维护。联合维护指设备维护工作主要由运营单位和维护商共同完成,运营企业通常全面介入设备维保过程管理,包括计划制订、工作安排、协调、检查落实和维修配件费用的管理。

(3)委外维护。委外维护指由维护商负责设备维护工作,根据运营企业对委外维护管理的力度不同可分为两种不同的子模式。一种是由维护商承担维护具体工作,运营企业对维护过程进行调度,监控、检查和管理维护所需配件材料;一种是由维护商总包,运营单位原则上不介入维护项目过程管理,只对维护项目的工期、质量进行要求和管理。

运营单位在确定设备维护模式时,应综合考虑自身技术力量、社会维修资源以及设备系统重要性等因素,针对各设备系统特点选择合适的维护模式。对于自主维护的项目,应充分考虑实现自主维护的技术可行性和具体实现的手段,特别是对关键技术的掌握和技术人员的培养。而对于委外维护和联合维护，应有比较充分的维护市场；有比较成熟、完善的维护管理模式；在维护项目招标、过程管理、费用控制等方面有可供参考的案例；并且应重视强化合同管理、计划管理、完善抢修网络、建立实行维修质量确认制度和考核制度等有效的管理措施，这样才能管好设备、用好设备。

5. 维修计划

设备维修是设备管理的一项重要工作，主要包括日常维护检查、定期计划性维修、状态检修、故障临修和故障部件维修。

(1) 日常维护检查。日常维护检查包括日常维护和日常检查两部分工作。日常维护指依照标准程序定期对设备进行清理、巡检、维护、组件更换及测试工作，以降低可能影响运营的设备故障；日常检查包含功能检查和技术检查两部分，主要对与乘客及与行车安全相关的运营设施、系统进行检查。设备日常维护检查工作也包括一些在检查中发现的故障临修工作。

(2) 定期计划性维修。定期计划性维修是固定周期的维修，维修周期取决于设备、设施的技术要求和设备运行时间或里程，一般又可分为预防性检修和矫治性检修，定期计划性维修根据维修深度的不同可分为小修、中修和大修。定期计划性维修能比较可靠地保证设备运行，但投入的维修成本较大，在一定程度上存在过度维修的问题。随着设备技术升级、监测监控技术的提升，定期计划性维修会逐步减少而向状态维修过渡。

(3) 状态维修。状态维修是不固定周期的维修，通过有效的检测装备和手段对运营设备进行定期或不定期状态检测，对发现的故障和隐患进行处理；这种修理方法要求操作人员具备较全面的检测手段和维修经验(包括设备状态数据)的积累，设备利用率高，支出的维修成本低，但同定期计划性维修相比设备出现故障的风险相对要大一些。

定期计划性维修和状态维修并不是可以截然分开的，在地铁机电设备系统中与行车安全强相关的重要设施设备维保在运营初期大都采用定期计划性检修形式以确保设备的可靠性。同时，随着设备维修经验及设备状态数据的积累，也会有部分固定周期的维修项目向状态维修过渡，以减少设备维修工作量，提高设备利用率。

(4) 故障临修。故障临修指设施设备出现故障后进行的修理(包括设备事故的抢险救援)。

(5)故障部件维修。目前地铁机电系统设备普遍采用模块化设计,对于故障处理采用换件维修的方式。故障部件的维修一般属于深度维修,需要比较专业的维修设备和人员。

6. 故障及事故管理

故障是指设备在规定的外部条件下,部分或全部失去额定的工作能力状态,是相对设备的正常工作状态而言的。而事故是指异常状态中比较严重的或已造成设备部分损坏、引起系统运行异常、中止或部分中止工作的状态。

在发生故障时,值班人员要迅速、准确地判断和处理。在事故处理中必须牢固树立"安全第一"的思想,遵循"先通后复"的原则。在事故抢修中涉及调度指挥时,行车调度员、电力调度员与环控调度员等应密切配合,严格掌握行车、供电、环控的基本标准条件,根据设备的技术条件和现场具体情况,采取有效措施,适当调整运行方式,尽可能减小对运营的影响,及时安排抢修和处理,尽快恢复设备运行、正常行车和运营秩序,保证城市轨道交通的服务质量。

7. 技术资料管理

各设备系统的运行维修工作应具备管理部门指定的各项标准、管理规程、安全工作规程,各种技术图纸、技术资料,各种工作记录簿和指示图表。对资料进行管理,一方面可以保证工作有章可循,一方面便于积累资料进行运行分析,持续改善提供工作效率和效益。

在资料管理方面主要有三项工作:一是资料的制作和完善;二是资料的保管;三是资料的分发。因为资料管理在设备管理工作的整个过程中持续进行,工作量很大,为提高效率资料管理工作可由各专业设备主管部门组织进行,专业技术人员负责资料制作和完善工作,并由经过专业培训的人员负责资料保管和分发。

技术资料管理中很重要的一项工作是标准与规程的制定和完善。标准与规程包括国家或行业协会颁布的有关标准,以及运营单位自己制定的标准与规程。这些标准和规程应该作为企业职工技术培训和班组学习的主要内容,以增强职工的标准化意识,规范日常工作行为,提高整体技术水平,创造良好的企业形象。

标准方面,由于我国城市轨道交通起步较晚,可执行的标准还不多,因而给企业开展工作带来一定难度。从我国的国情来看,目前比较可行的是,依据相近行业(如铁路、公交等)的已有标准,或者参照国外城市轨道交通有关标准。

规程方面,运营单位自己制定的规程主要有技术、安全、行政等方面的规程,在设备管理中主要涉及的是技术和安全规程。由于设备种类多且在不断发展变化,因此对规程也要不断修改完善。这些工作应该成为专业技术人员日常工作的主要组成部分,每隔一定时间,运营单位应组织力量更新规程的版本,以便适应实际生产需要。

8. 备品备件管理

科学地管理设备备件可以避免备件大量积压问题,有利于节约运营成本、提高资金和库存利用效率,这是设备管理的一个重要方面。做好备件管理工作应首先对备件进行分类,并针对不同类型备件采用不同的管理模式。

根据运营设备管理成本及备件价值的角度,可将城市轨道交通设备系统备件分为列管备件和一般性备件两类。列管备件指直接关系城市轨道交通设备系统正常运行,保障安全运营的关键性、高价值备件。对这一类备件的界定可根据不同企业的管理要求进行,以保证管理的针对性;一般性备件指除第一类备件以外的其他备件,这类备件对轨道交通运营起着辅助作用。

不同类型的备件应采用不同的管理模式,在保障正常运营的前提下解决设备备件大量积压的问题。

(1)对列管备件,应实行全生命周期的实时管理。即在采购审批阶段应进行严格审核,结合线上数量、消耗数量、安全储备等情况综合考虑确定采购数量,确保库存始终处于合理的水平,实现维修成本最低化;在使用阶段时,应对其进行登记,实行"一件一档"形成台账,并对使用过程中的维修情况进行记录,形成维修历史档案,直至报废。

(2)对一般性备件,可实行灵活的管理措施。由于这类备件种类多、数量大、价值较小,管理环节上如果实行与列管备件同样的管理要求,在管理成本上可能并不合算,因此,可对此类备件在管理上进行简化,以提高管理效率,节约管理成本。比如对备件作零库存处理,也就是说当领用部门提出申请才去订货、采购,平时不做储备。

9. 人管理和培训

管理必须靠技术人员来具体实施,在设备管理工作中要强调人的因素,充分调动维修人员的积极性,对设备维护实行专机专责制或包机制,做到台台设备有人负责;操作人员对所用设备要做到"四懂"(懂结构、懂原理、懂性能、懂用途)、"三会"(会操作、会维护、会排除故障)。

对设备管理人员进行培训是设备管理工作的重点之一,通过不断提高运行维护人员的技术和管理水平,来达到保证安全运行、提高设备运行效率和质量的目标。

培训的目的是使设备管理人员了解设备结构,加强安全和技术业务能力,能应用状态监测手段正确判断设备故障,做到该修必修;能较正确地估计检修内容和备件,开好每一张工单并且提高事故处理能力。城市轨道交通运营单位具体业务科技含量较高,特别需要一支熟练掌握轨道交通行业技术的人员队伍,保证设备设施的安全运营。运营单位可通过开展高技能人才评价工作,鼓励这些高技能人才活跃在运营生产一线,为安全运营提供有力的保障。

10. 设备安全管理

在设备管理中,安全工作是其他工作不能替代的,尤其是现代化的运营企业已与高新技术紧密结合起来,安全工作是确保整个系统顺畅运行的关键。由于运营企业的设备分布点较为分散,而且部分设备无人值班看护,因此,设备管理的安全工作宜以事先控制为主,积极准备事中、事后控制方案;做好运行分析工作;以技术防范为主,结合人工预防。现代的设备安全管理工作已经和技术管理密不可分,良好的专业技术能力是做好安全工作的基础,因此,强调专业对口有助于提高安全管理水平和工作效率。

(1)事先控制安全预防工作。设备安全管理重点在防患于未然,这需要有严格的规章制度和合理的组织管理体系来保证。因此,在企业内部要有专门的安全管理部门,从事安全规章制度的建立和安全监督工作;各级管理组织的第一负责人直接负责安全工作,现场工作安全责任落实到具体人员。

(2)积极准备事中、事后控制方案,是指认真考虑可能的突发事件,准备各种应对和补救措施,即使有意外的事件发生,也要把影响面控制在最小范围内,把不直接影响运营、不危及乘客人身安全作为第一原则。

(3)运行分析工作主要针对设备运行、操作、维修和异常情况以及人员执行规章制度等情况,进行分析总结并掌握运行维护规律,有针对性地制定保证运行安全的措施,不断提高运行水平和管理水平,以实现安全经济地运行。

(4)在技术防范方面,重点考虑设备预防性测试、遥测遥控、录音录像和数据记录等方面的工作,合理使用先进的仪器仪表是做好技术防范的关键。

(5)人工预防则是需要根据各种技术规程,进行周期性检查、日常抽样检查、质量检验和安全教育等方面的工作。对员工进行长期的安全教育,培养员工的安全责任意识是人工预防的重点。

11. 设备节能与环保管理

城市轨道交通运营单位具体业务能源消耗较大也容易对环境产生污染,因此,在选择设备时要更多地考虑设备的节能与环保。

运营单位的主要能耗是电力,因而节能工作可从三个方面重点考虑:其一是采用新材料、新工艺,设法降低电力损耗;其二是应用节能型设备,降低电力消耗;其三是根据运营客流及天气情况,灵活设定车站、列车、设备房等的空调温度及照明。

城市轨道交通列车运行时较严重的污染是噪声和振动,特别是在地面上车辆运行穿越人群和房屋较密集的区域时,情况尤为严重。另外,废水和废气的排放也较容易产生污染,因此,最理想的是在线路设计时就考虑到环境保护措施。对运营企业而言,应采取积极的污染防范措施,及时更换不适宜的设备,增加相应的污染物处理设备,尽量减少对环境的影响。

第二节 工作要求

城市轨道交通设备系统的运行维护管理工作的开展,应以确保安全运营和设备的状态良好为基本目标,在工作过程中应遵循国家相关法律法规和国家、行业的相关标准要求,并按照设备厂家提供的维护检修指南、设备特点及寿命等开展工作。

设备管理目的是通过对各个设备系统的正确操作、维护和管理,保障设备处于安全可控状态,使设备达到优质、高效的运行工况,实现系统的设计功能,为整个城市轨道交通系统的正常运营提供必要的基础条件。

一、原则要求

1. 范围清晰,职责全面

运营单位应把设备的管理范围按工种划分清楚,明确分界点,防止漏检漏修;把设备的保管、维护和检修任务落实到人(或班组),做到分工明确,各负其责;根据不同的设备修程,确定其检修周期和范围,以实现计划检修。

2. 强化制度,丰富手段

主动推动作业制度化、质量标准化、检修工艺化、检修机具和检测手段现代化。作业制度化指检修作业和设备操作要按规定程序和安全制度执行;质量标准化即按技术要求精检细修,达到统一的质量标准;检修工艺化是坚持按工艺要求进行检修,保证质量,提高效率,降低成本;检修机具和检测手段现代化是利用现代科学技术及装备进行检修和测试,以适应现代技术不断发展的需要。

3. 明确责任,保证质量

实行记名检修的制度,即记录检修者和验收者的姓名,要求检修者根据设备的技术状态提出检修依据,采取针对性措施,按工艺检修,并做到修前有计划,修中有措施,修后有结语。

二、体系要求

为了规范设备管理,运营单位应结合自身实际情况,建立符合要求的质量管理体系,规范设备管理工作。具体应进行的工作包括以下几项:

(1)建立相应的维护检修管理职能部门,确保部门职能清晰、岗位分工合理。

(2)规范对运营、维护检修人员的管理,并建立完善的管理制度。对于涉及外包项目的,还应建立承包商管理制度及监控外包项目有效实施的管理规定。

(3)维护检修质量考核与持续优化。

①运营单位应制定设备运行指标来评定维护检修工作质量,并通过制定合理的维护检修策略确保运营设备达到运行指标。

②运营单位应定期开展设备维护检修质量考核,考核的内容包括设备运行指标的完成情况、现场检查情况及故障记录填写。

③运营单位应定期对各种维护检修记录进行检查,并设置具有层级的现场检查机制,对维护检修过程进行现场检查。应定期对设备运行指标的考核项目及标准进行回顾,确保考核项目及标准符合维护检修管理目标要求。

④运营单位应定期检查更新设备运行指标,其依据是维护检修记录和运行表现。

三、组织要求

对于城市轨道交通运行管理组织,总体要求是机构精简、管理层次少、职责分工明确,从而提高管理效率。运营单位应根据实际管理的幅度、人员的素质、检修设备的工作量及检修单台设备所需要的基本人数,确定各设备系统运行维护管理的定员配置,并确定相关人员的职责和管理原则。

设备管理主要包括设备的日常运用维护及检修工作两个方面。其中与设备的日常运用维护相关的人员主要有控制中心的电力调度员、行车调度员和环控调度员,以及设在各车站、车辆段和变电所的值班人员;而与检修工作相关的人员则主要包括维修调度员、各维修部门的生产调度以及检修工班成员等。其中检修工班的地点一般设在车辆段维修基地,但对于某些在控制中心有工作站的系统(比如综合监控系统、ATS 子系统等)在控制中心也设有检修工班,以便提高维修工作的时效性。设备管理人员之间的关系如图 6-1 所示。

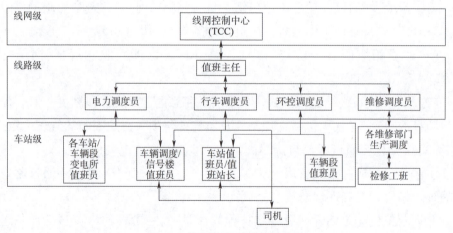

图 6-1　设备管理相关人员间关系

四、维护检修要求

设备维检修护管理是设备管理工作的重点,做好设备维护检修管理可以确保系统设备符合规定的技术性能要求,以实现系统设备的可靠性和安全性。此外,通过对设备的有效维修可实现系统设备较高的利用率,及时排除故障并降低设备全寿命周期成本。下面是对维护检修工作管理的一些具体要求。

1. 维护检修策略和维护检修计划管理要求

(1)运营单位应在考虑设备全寿命周期成本的条件下,制定和持续优化维护检修策略。维护检修策略主要包括采用的维护检修方法、维护检修组织的方式、维护检修的项目、维护检修的内容、维护检修工具、达到的技术标准、维护检修花费的人力和物料等。

(2)运营单位应根据维护检修策略编制维护检修计划,主管部门应对维护检修计划进行审批,并对临时任务及时安排临时计划,维护检修部门应按照批准的计划,开展维护检修工作。

(3)为保证运营设备所有维护检修计划在规定期限内完成,主管部门应跟进下达计划的完成情况,并根据运营设备维护检修特点对维护检修计划的完成度设定相应的考核指标。

(4)运营单位应每年对维护检修计划完成情况进行总结,对于偏差较大的计划进行分析,并优化次年的维护检修计划。

2. 维护检修作业管理要求

(1)作业实施要求。

①维护检修人员应在使用维护检修工具和设备前确认维护检修工具和设备完好并在有效期内。

②维护检修作业应遵照工作计划或维护检修工作票进行。

③维护检修人员应遵守设备维护检修程序进行作业,对于维护检修作业过程中发现的任何隐患及故障,应按照流程及时汇报并进行适当处理。

④维护检修作业完成后,维护检修人员应进行自检工作,对于涉及系统接口的维护检修作业进行相关系统的接口调试,确认运营设备运行正常,并按要求填写维护检修记录,通知相关部门。

⑤维护检修作业完成后,维护检修人员应进行清场。

⑥对于在计划规定时间内未完成的维护检修作业,应及时上报有关部门,根据相关规定安排后续作业。

(2)作业安全要求。

①维护检修作业开始前,应进行安全教育并对教育内容进行记录和存档。

②维护检修人员应按照运营单位的要求穿戴劳动防护用品。

③对于安全隐患较高的维护检修任务,应由2名及以上人员共同完成。

④对于区间设备的维护检修，应对下区间工作的维护检修人员做好施工登记管理。

⑤维护检修实施过程应保证人员和设备安全，维护检修后保证设备能够安全稳定运行。

3. 维护检修记录管理要求

维护检修记录至少应包括：维护检修日期、时间；设备的名称、编号及位置；维护检修的项目和内容；维护检修使用的工具、物料和维护检修班组人员信息。

维护检修记录应填写清楚并定期存档，便于日后查阅，不得任意涂改。此外，运营单位还应对维护检修记录建立电子化信息系统进行管理，以便于维护检修信息的管理和统计分析。

4. 维护检修人员管理要求

(1)运营单位应建立有效的培训机制，对维护检修人员进行定期培训。

(2)维护检修人员应接受安全教育、专业设备维护检修知识及技能培训，通过考核合格后方可上岗。

(3)从事特种作业人员应取得相应资格证书后方可上岗。

(4)运营单位应对资格证书进行动态管理，定期进行证件复审。

5. 维护检修物资管理要求

(1)运营单位应根据年度维护检修计划、预算情况、储备定额，制订年度维护检修物资需求计划，并按照规定流程进行采购。

(2)维护检修物资到货入库前，应进行验收和技术检验，确保入库物资的质量和数量。入库物资应建立完整的账卡和台账，物资出库需进行登记，做到账物一致；物资的分类、存放应统一明确。运营单位应对库房物资定期进行盘点，达到数量准确、账表清晰。

(3)运营单位管理要信息化，管理系统应详细记录进出库设备名称、属性代号、规格、数量、位置编号、进出库时间及经办人等。

(4)易燃品物资应根据物品的不同性质和仓库条件分类隔离，并按规定进行保管、维护和储存。

6. 维护检修工具和设备管理要求

(1)运营单位应制定相应的程序对维护检修工具和设备实施有效管理。

(2)运营单位应定期对用于设备合规性检查、监控、测量、试验等目的的维护检修工具和设备进行校准,设立维护检修工具和设备档案,并注明校准信息和日期的标签。

(3)运营单位应对易损坏、使用复杂以及可改变校准设置的维护检修工具和设备制定相应的操作程序。

(4)运营单位应对不适用的维护检修工具和设备进行处置或采取相关的控制措施,以防意外使用。

(5)针对测量、监控、控制和测试为目的开发的专用软件,运营单位应定期地进行验证、更新其功能。

五、制度要求

为加强城市轨道交通各设备系统的运行维护管理工作,其管理部门除具备国家、行业颁发的有关标准、导则、条例外,还必须根据具体情况制定实际可行、可操作的相关规程和制度,以便各级人员有章可循,并便于积累运营管理经验和进行分析,进而提高各级人员的技术管理水平。下面简要描述一下各设备系统都应具备的规程和制度。

1. 运行维护管理相关规程

(1)《××系统/设备安全规则》。

规定了该系统/设备相关的安全生产规则,包括设备的运行、检修、维护、施工作业、故障管理以及信息安全(如果适用)等必须遵循的安全生产制度和作业纪律。其主要内容包括:"安全第一、预防为主"的总则、基本安全生产制度和作业纪律、作业联系、要点和登记、消点和登记、系统具体故障分类、事故故障处理、故障管理及考核、技术作业安全和信息安全(如果适用)。

(2)《××系统/设备操作规程及维护规程》。

规定了该系统/设备主要是终端用户设备的操作程序和注意事项以及日常维护的要求,以便操作人员和维修人员在日常使用中或检修中能正确操作设备,并对设备进行必要的清洁维护和简单的测试。

(3)《××系统/设备维修规则》。

规定了该××系统/设备的维修总则,维修的组织和管理(包括维修组织架构、岗位设置及岗位职责、工作标准)、设备管理、维修的等级划分、检修计划、设备检修作业程序、故障处理程序和各种作业记录和统计表格。

(4)《××系统/设备检修标准》。

规定了该××系统/设备的检修技术标准、工艺要求、验收标准、材料要求等,作为其设备维护及质量评定的依据,以保证设备的正常运行。其主要内容包括该系统/设备的各子系统和光、电缆检修应符合的技术标准及检测方法。另外还包括该系统的接口技术要求和设备的符号、编号及书写格式等。

2. 运行维护管理有关制度

运行维护管理的相关规程是技术规程,需要靠人员去贯彻实施。因此,还必须建立相应的管理制度,以制约人员在工作中的行为,保证技术规程的正确执行。根据具体设备系统的运行维护管理特点,可以针对性地制定安全及检查制度、值班制度、交接班制度、巡视制度、缺陷管理制度、故障处理制度、运行分析制度和各种作业制度等。

六、作业记录和技术资料要求

为做好城市轨道交通各设备系统的管理工作,保证设备正常运行,在各设备的管理部门及现场需配备一定的作业记录和技术资料,一般要求如下。

1. 作业记录

设备台账记录一般分管理记录和技术记录。其中,管理记录包括运行值班记录、交接班记录、工器具管理记录等;技术记录主要包括各设备的检查记录、维修调整记录、状况记录、缺陷记录、大修竣工报告、事故处理记录等。

2. 技术资料

为保障各系统设备正常运行,系统运营维修部门应配备相应的技术资料,包括系统的合同技术附件、各系统(子系统)的维护手册、各系统(子系统)的操作手册、各系统(子系统)的竣工资料、各系统(子系统)安装调试验交手册、各系统(子系统)设备安装图、各系统(子系统)设备平面布置图、有关隐蔽工程记录、设备台账和技术履历、系统的原理图以及培训手册等。

七、环境保护与职业健康管理要求

1. 环境保护

运营单位应根据《环境管理体系 要求及使用指南》(GB/T 24001—2016)、ISO 14001及OHSAS 18001的要求,有针对性地建立有效的环境保护及职业健康安全方面的管理要求,并对维护检修过程产生污染的设施设备实施污染预防;对维护检修产生的废品、废料进行统一回收集中处理;对维护检修过程中产生的废油、油脂交由有资质的单位回收处理。

2. 职业健康管理

运营单位应对设备维护检修过程中可能产生的对人员的危害进行有效识别,并采取相应的控制措施。此外,还应结合相关法律法规要求,定期安排工作在粉尘和噪声等污染可能超标的环境中的维护检修人员进行身体状况检查。

第三节 供 电 系 统

一、概述

城市轨道交通的运营需要持续供给的电能,不仅运载乘客的列车需要电力驱动运行,其他运营服务的设备系统(比如通信、信号、照明、自动扶梯、火灾报警与自动灭火等系统)也需要电力才可以运行。在运营过程中,一旦中断供电不仅会造成系统的瘫痪,还会造成财产的损失甚至危及乘客生命安全。因此,高度安全可靠的电力供给是正常运营的重要前提和保证。城市轨道交通供电系统正是为城市轨道交通运营提供电能的系统。

供电系统的主要功能包括接受并分配电能(对于集中式供电)、降压整流并供给牵引用直流电、降压并供给动力照明设备用电、实时监视控制供电设施的运行状态。对应这些功能,供电系统的主要组成部分包括主变电所(对于集中式供电)、牵引变电所、架空接触网或接触轨、降压变电所、动力照明系统、电力监控系统以及一些防护系统,比如杂散电流防护、防雷及搭铁等。

1. 供电系统主要功能

(1)接受并分配电能。在集中式供电方式下,通过主变电所将来自于城市电网的高压交流电源(通常是110kV)降压为轨道交通系统所用的中压交流电(35kV或其他电压等级),并供给牵引供电系统和动力照明供电系统。

(2)降压整流并供给牵引用直流电。牵引变电所接受主变电所输出的中压交流电(集中供电方式)或从城市电网就近直接获取中压交流电(分散供电方式),并通过降压整流变成轨道交通电动列车使用的直流电源(通常为1500V或

750V),再通过沿线的架空接触网(或接触轨)及回流网,不间断地供给电动列车电能,以保证列车安全可靠地运行。

(3)降压并供给动力照明设备用电。降压变电所接受主变电所输出的中压交流电(集中供电方式)或从城市电网就近直接获取中压交流电(分散供电方式),经降压变成轨道交通动力照明设备使用的380V或220V电源,并通过低压配电及照明系统供给动力设备和照明设备使用。

(4)实时监视控制供电设施的运行状态。由电力监控系统实现该功能。电力监控系统对整个轨道交通供电系统的主变电所、牵引变电所、降压变电所、架空接触网(或接触轨)等主要供电设施的运行状态进行实时监视、控制,实现供电设备的自动化调度管理,以保证系统的正常运行。

2. 供电系统主要组成

(1)变电所。城市轨道交通的变电所主要包括主变电所(集中供电方式)、牵引变电所、降压变电所和牵引降压混合变电所四大类。

①主变电所负责向轨道交通全线提供可靠电源,它将来自城市电网的110kV或其他电压等级电源降为中压电源,并提供给牵引变电所和降压变电所。

②牵引变电所负责向架空接触网(或接触轨)提供电源,将主变电所输出的中压交流电源降压整流后变成供城市轨道交通列车使用的直流电源(通常是1500V或750V)。

③降压变电所负责向轨道交通沿线的动力照明系统提供电源,在每个车站和车辆段均设有降压变电所,将中压电源(通常是35kV或10kV)降压为380V或220V。

④当车站同时设有牵引变电所和降压变电所时,为了减少投资及方便日后运营管理,宜将牵引变电所和降压变电所合建成牵引降压混合变电所。

(2)牵引电网。牵引电网负责向电动列车提供牵引用电,它将牵引变电所输出的直流电源(通常是1500V或750V)通过与列车的接触提供给列车。牵引电网中提供电能的部分又称为接触网,而回收电流的部分称为回流网,接触网和回流网分别通过电缆和牵引变电所连接,构成牵引供电回路。接触网按安装位置和接触导线的不同分为接触轨和架空接触网两种方式,接触轨方式可以应用于地下线、地面线和高架线;架空接触网按接触悬挂的不同分为刚性架空接触网和柔性架空接触网两种,其中柔性架空接触网可以应用于地下线、地面线和高架线,而刚性架空接触网一般应用于地下线。

（3）低压配电及照明系统。低压配电及照明系统分为低压配电和照明两个子系统,分别负责将降压变电所输出的380V或220V电源供给动力系统设备和照明设备,并对设备的电源进行控制。

①低压配电系统采用380V三相五线制、220V单相三线制方式,为轨道交通的通信、信号、给排水、火灾自动报警、自动售检票、站台门、环控、环境与设备监控系统等的设备供电,并实现供配电设备的电控控制。

②照明系统采用380V三相五线制、220V单相三线制方式为各种照明设备供电,供电范围包括节电照明（设在车站站厅站台公共区等地,包括站名牌标示照明）、事故照明（设在地下车站站厅站台公共区、出入口、区间隧道、设备及管理用房等地）、一般照明（设在车站站厅站台公共区、出入口、区间隧道、设备及管理用房、电缆廊道等地）、广告照明。

（4）电力监控系统。电力监控系统的功能是通过遥控、遥信、遥测等手段实时监控供电系统设备的运行状态,实现供电设备的自动化调度管理。电力监控系统由设在控制中心的主站监控系统、设在各变电所的被控子站系统,以及主站和子站之间的数据传输通信通道组成。主站监控系统实现对整个供电系统设备的实时监控和维护调度;被控子站系统则完成对本变电所及其供电范围内供电设备的保护、控制、测量等功能并与主站进行远程通信。

3.供电负荷分类

按照供电负荷的重要性,负荷等级可分为一级负荷、二级负荷和三级负荷。城市轨道交通系统是一个重要的用电负荷,按规定应为一级负荷,即应由两路电源供电,当任何一路电源发生故障中断供电时,另一路应能保证城市轨道交通重要负荷的全部用电需要。在供电系统中,牵引用电负荷为一级负荷,而动力照明等用电负荷根据其实际情况可分为一级、二级或三级负荷。

（1）一级负荷。各类一级负荷一般通过两路独立的电源供电方式获取电源,以实现某路电源故障情况下一级负荷无间断地持续运转。一级负荷包括牵引用电,变电所操作电源,与火灾和事故疏散有关的系统/设备,节电照明和事故照明、重要系统/设备（包括通信系统、信号系统、电力监控系统、环境与设备监控系统、综合监控系统、自动售检票系统、站台门、防护门、防淹门、给排水系统中的消防泵、废水泵、雨水泵等设备）的用电。

（2）二级负荷。二级负荷一般由一路电源供电，在电源故障时切换到另一路电源。二级负荷包括普通风机、污水泵、普通电梯与自动扶梯、一般照明等。

（3）三级负荷。三级负荷一般由一路电源供电，在该路电源故障时，三级负荷自动从电网中切除。三级负荷包括广告照明、空调与采暖系统设备、电开水器、清扫插座等。

二、日常管理

1. 工作内容

供电系统运行管理的主要工作包括正常运行管理和设备检修两部分。

（1）正常运行管理。供电系统的运行管理工作包括设备巡检、记录、设备维护、倒闸操作、工作票受理5方面的内容。

①设备巡检是按照规定的周期和项目，沿指定的巡视路线进行供电设备检查，通过有关测量仪表和显示装置及时掌握设备的运行情况（如电压、电流、功率和温度等），以预防设备故障的发生。

②记录是按规定的时间和项目，通过人工或自动装置对运行数据、环境、调度指令和操作、施工检查、事故处理等情况进行记录。

③设备维护是根据所处的环境和规定的周期与项目，进行场地清洁、设备清扫、绝缘子更换、带电测温和蓄电池维护等工作。

④倒闸操作根据调度命令和倒闸操作票，由合格的人员进行电气操作及监护。

⑤工作票受理是按照安全工作规程，值班员审核工作票、核对及完成安全措施，并会同工作负责人对现场安全措施进行检查和工作许可（包括工作票延长、间断、转移的许可）等工作的办理，施工结束后会同工作负责人进行设备检查、验收，并办理工作票终结手续。

（2）设备检修。设备检修的工作内容包括定期检修、预防性试验、临时检修三部分。

①定期检修是为防止设备性能及精度劣化或降低，根据设备运转的周期和季节性特点，预先制定设备的检修周期和工作内容、技术要求和工作计划所进行的维修作业。定期检修包括月度检修、年度检修等。

②预防性试验的目的是通过对各种电气设备进行预防性试验，暴露设备内

部缺陷,判断设备能否继续运行。各种电气设备的预防性试验项目、周期和标准,按现场电气设备预防性试验规程执行。

③临时检修是根据专业设备的变化和实际运作状态、事故跳闸或同类设备已发生重大事故时,需要增加的临时性检查修理。

2. 组织管理

供电系统的运行管理应设有各级运行与检修人员,分别承担不同的工作。一般而言,城市轨道交通供电系统分两级管理,一级是控制中心电力调度员,二级是变电所值班员和供电系统维修工班。图6-2所示为供电系统管理模式示意图。

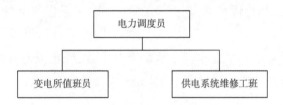

图6-2 供电系统管理模式示意图

电力调度员负责所辖范围内的供电生产工作,保证整个城市轨道交通供电系统安全运行和连续供电;负责城市轨道交通与城市供电部门间的有关工作协调和联系;执行供电系统的运行方式,制定故障下系统的紧急运行模式;指挥供电系统的事故处理等。变电所值班员负责变电所设备的日常维护与安全运行。供电系统维修工班负责对所辖设备进行日常巡视、检查、维护、维修工作。

3. 作业安全

由于城市轨道交通供电电压均超过人体安全电压,因此供电系统的设备巡视、维修、倒闸等操作需要特别注意作业安全。下面以接触网设备维修作业为例说明安全管理内容。

为确保维修人员的安全,应对从事接触网工作的人员采用安全等级制管理,对维修作业采用工作票制管理,同时对接触网设备维修作业采用停电作业和远离带电作业两种作业方式。

(1)安全等级管理。

《接触网安全工作规程》规定:为保证接触网运行和检修作业安全,对有关人员实行安全等级制度。凡从事接触网运行和检修工作的所有人员,都必须经过考试评定安全等级,取得"安全合格证"以后方准参加相应的接触网运行和检修工作。

所有从事接触网运行和维修的有关现职人员,要每年定期进行1次安全考试。属于下列情况人员要事先进行安全考试:首先是新参加接触网工作的人员,如转职人员(其他单位新调入人员)、新分配的各级学校毕业生、新招入的学员;其次是职务或工作单位变更,但仍从事接触网运行和检修的工作人员;最后是工作中断连续6个月以上而仍继续担任接触网运行和检修的工作人员。上述人员根据具体情况考试认定合格后,取得相应等级合格证,方可从事接触网的运行检修工作。

(2)工作票制管理。

城市轨道接触网维修作业分为停电作业和远离带电作业两种。停电作业是维修人员在接触网不带电的情况下,对设备和构件进行检查、调整和检修的工作方式,使用接触网停电作业工作票;远离带电作业,一般是指距离接触网带电体1m及以上的维修作业或地面作业,使用1m以外作业工作票。

三、故障处理

供电系统的故障处理要坚持"安全第一、统一指挥、逐级负责、先通后复、先通一线"的原则,尽快恢复对接触网的供电和正常行车秩序,同时在允许的条件下保证环控设备的运行。常见供电设备的故障包括变电设备故障、接触网设备故障、低压配电及动力照明系统故障和电力监控设备故障。

1. 变电设备故障和处理

常见的变电设备故障包括断路器自动跳闸,变电所各级电压母线均无电压,各类变压器、整流机组、开关柜、电缆、电力电容器故障,直流自用电系统等的异常运行和故障,二次回路故障等。

在发现变电设备故障后,应全面检查故障设备及所在系统的有关设备、查明故障原因、采取措施抢修故障,并在确认不危及供电安全的情况下恢复对该变电所的供电。

2. 接触网设备故障和处理

常见的接触网设备故障主要是部件的机械故障,比如吊弦或吊索故障、定位支持装置故障、锚段关节故障、补偿装置故障、线岔处接触网故障、承力索故障、接触线故障、分段绝缘器故障、电连接器故障、隔离开关故障、支柱故障、隧道埋入杆件故障等。

第六章
设备管理

接触网设备故障处理除应遵循供电设备故障处理原则外,由于接触网结构带电,并且可能需要高空作业,还应严格遵守《接触网安全工作规程》和有关规定,比如办理停电作业命令、验电搭铁、做好有效的安全防护措施等。接触网设备的故障多是机械故障,应加强日常巡视检查及时发现故障隐患,在恶劣天气情况下要加强巡检,同时还应提高部件安装质量以减少故障的发生。

3. 低压配电及动力照明系统故障和处理

常见的低压配电及动力照明系统故障包括配电线路断路、短路和漏电故障、照明设备故障等。

处理低压配电及动力照明设备故障应先根据故障现象确定故障类型,再通过排查等方法缩小检查范围,确定故障点并进行修复,对于不可现场修复的故障可采取更换故障设备或电缆等方法修复。

4. 电力监控设备故障和处理

常见的电力监控设备故障包括程序出错或不间断电源(Uninterruptible Power Supple,简称UPS)系统故障、某些通道故障或主控制盘故障、某一变电所站控计算机故障等。

电力监控设备的故障原因有软件、硬件和通信等方面的故障。在发现故障后,应首先针对故障现象分析故障原因,并采取有针对性的处理措施。故障处理完毕后应由电力调度确认设备恢复正常,并且应按规定记录所发生的现象及处理过程。

第四节 通 信 系 统

一、概述

为保障城市轨道交通系统的正常运转,车站与控制中心,车辆段与控制中心,车辆与信号系统,信号系统与火灾报警系统之间应进行必要的信息交互,通信系统正是传输设备状态和控制信息的重要手段。借助通信系统,调度员和行车值班员可以建立可靠的语音通信,调度员可以和列车司机以及设备维修人员进行语音通信,行车值班员可以对乘客进行广播引导。

通信系统正是满足上述需求的各子系统的集合,它包含传输系统、电话系统、无线通信系统、视频监视系统、广播系统、时钟系统、乘客信息系统等。这些子系统相互独立，完成各自功能，满足整个城市轨道交通系统的不同通信需求。此外通信系统还设置了电源、搭铁和防雷等辅助设备，保障各子系统正常工作。

1. 传输系统

传输系统是城市轨道交通通信系统的基础，为各有关系统提供信息交换，为单条线路的控制中心与车站、车站与车站之间提供信息交换通道，也为不同线路之间提供信息交换。

2. 电话系统

电话系统为控制中心、车站、车辆段之间提供语音通信，从功能上可以分为公务电话系统和专用电话系统两类。公务电话主要为城市轨道交通人员的信息沟通、运营组织管理、维修组织管理提供高效便捷的电话语音通信。专用电话一般是直达电话，主要供控制中心调度员、车站与车辆段值班员组织调度列车使用，包括调度电话、站内及站间电话、轨旁电话、紧急电话和市内直线电话等。

3. 无线通信系统

无线通信系统为城市轨道交通移动用户的语音和数据信息交换提供可靠的通信手段，同时，在轨道交通运营出现异常情况和有线通信出现故障时，也能迅速提供防灾救援和事故处理等所需要的通信渠道。

4. 视频监视系统

视频监视系统具有监视、图像选择、录像、摄像范围控制和系统网络管理等功能，为调度员、行车值班员、列车司机以及负责治安的人员提供视频信息，通过与火灾报警系统、门禁系统等联动，在接到系统报警信号后，可以迅速将报警现场的情况切换到监视器上，供调度和值班人员及时准确掌握现场情况并处理突发情况。该系统还可记录视频，为事故分析提供服务。

5. 广播系统

广播系统主要向乘客提供列车到站、离站、误点和安全状况等信息，将这些信息以语音的形式向乘客和工作人员广播，引起相关人员注意。广播系统对乘客的广播区域主要在全线各站的站厅、站台、列车车厢内；对工作人员的广播区域主要在办公区、站台、站厅、车辆段检修主厂房、运用库、段内道岔附近。根据实际需要，广播系统可以选择人工实时播放或播放预存语音。

6. 时钟系统

时钟系统提供标准统一的时间信号,为分析故障和保证列车安全准点运行提供统一时间平台。时钟系统还能为控制中心调度员、车站值班员、运营部门的工作人员和乘客提供统一的时间显示。

7. 乘客信息系统

乘客信息系统为乘客提供直观和形象的多媒体信息。设置在车站区域的乘客信息系统在正常情况下提供列车到发时间、乘车须知、政府公告、电视节目转播、广告等多媒体信息,在火灾、恐怖袭击等非正常情况下提供实时紧急疏散提示。车载的乘客信息系统则为列车上的乘客提供列车到站、换乘、电视节目转播、广告等运营和娱乐信息。

8. 电源系统及防雷、搭铁

城市轨道交通通信系统属于重要系统,需要有独立的供电设备保证对通信设备不间断地供电,以保证系统运营组织的正常进行。除了电源系统外,通信系统还须设置防雷和搭铁设备,保护通信设备并且抑制各种电气干扰。

二、日常管理

通信系统主要采用自主维修模式,通常设置控制中心、车辆段、停车场和正线等工班,负责通信设备的巡视、检修和故障处理工作。

1. 日常管理组织和人员

由于通信系统各子系统的功能、原理、设备不同,各子系统一般各自设立专门的运行维护管理人员,并且通常采用专业工程师加工班的管理模式。运行维护管理的员工包括检修人员和专业工程师,对于传输系统、电话系统、无线通信系统和时钟系统等子系统还需配备日常值班人员。

(1) 专业工程师主要负责制订维修计划、材料计划和维修管理规定,督促维修工班完成维修计划并检查计划完成情况,制定维修规程等技术文件并定期对维修工班进行技术培训。

(2) 维修人员负责完成日常巡视工作,专业工程师制订的维修计划、故障维修、临时维修任务等并做好相关记录。各子系统设备数量、维修周期与工作内容和维修值班点的设置不同,维修工班人数也不同。对于一条长20km左右的轨道交通线路,传输系统的维修工班大约需要8人左右,电话系统的大约需12人左右，无线通信系统大约需12人左右，时钟系统大约需8人左右。

（3）传输系统的网络控制中心设在运营控制中心，需要安排人员24h值守，以便及时发现问题和解决问题，时刻保证网络的正常工作，保证通信各子系统、信号、电力监控、环境和设备监控系统等关键系统的信息传送。

（4）电话系统在控制中心的程控交换主机房设一个值班点，需要安排人员24h值守，由4人左右倒班负责；其他交换机房和各车站机房均不设值班点。

（5）无线通信系统在控制中心的机房和车辆段须设有无线维护人员值班岗位，其中控制中心机房的值班人员负责监控中央控制单元系统设备和各站设备的运行状态、进行基站和控制中心无线设备的日常维护，并处理控制中心无线调度台故障；车辆段值班人员则在每晚列车回库后，对当天上正线运行车辆的车载无线设备的性能及连接线连接情况进行检查及紧固。

（6）时钟系统需要在控制中心安排人员24h值守，利用通信综合网络管理系统实时监测时钟系统运行状况，以便及时发现问题和解决问题。

2. 日常管理内容和方法

通信系统的维修应严格依照各子系统设备的维修周期与工作内容实施，应针对不同设备的特点制定修程和维修工作内容。

维修工作通常分为日常维护、二级维护、小修、中修和大修。根据具体子系统的特点，各级维修工作的内容也有所不同。一般来说，日常维护工作包括对机械特性和设备运行情况等的检查、清洁工作等；二级维护工作在日常维护基础上增加开箱、开盒检查，不良部件的修复和更换等内容；小修在二级维护的基础上增加系统测试和试验等内容；中修则在小修的基础上增加对设备进行全面分解、整修、补强和调整，对关键、主要部件进行修复、更换，对淘汰的设备、器材进行更换等工作；大修则是在设备的机械和电气特性不合标准，设备质量不合格达到一定比例时进行，除有能力自行承担的项目外，大修一般请制造厂商或专业大修单位承担。

三、故障处理

1. 故障处理原则

由于通信系统不同子系统的故障对行车安全、运营组织的影响不同，应根据具体影响采取相应的处理程序。各子系统的维护人员应提高自身处理系统故障能力,并清楚了解各种故障对城市轨道交通线路运营的影响。

对于可能会影响到行车安全和运营组织的子系统(比如传输系统、无线通信系统、时钟系统等)的故障,有关值班及维修人员应及时、准确地作出判断(判明故障位置、故障原因等),按照"先通后复"的原则积极组织修复,缩短故障时间,把故障影响控制在最小范围内。如果故障影响到调度的必保设备,还应采取倒换、代替、迂回等应急措施以减少影响程度。

当值班人员发现设备的故障后,应判断故障是否影响或将会影响行车,并向上级报告。对于不影响行车的故障,由值班人员直接负责处理并在处理完后上报处理情况;对于影响或将影响行车的故障,总体原则是值班人员赶到现场10min内能处理的故障由值班人员直接负责处理并上报处理情况,其他情况则申请相关的工班长或更高级别人员处理。

2. 常见故障和故障处理方法

为了提高故障处理能力,通信系统各子系统的维护人员应根据系统的实际使用特点和长期积累的系统运行经验,针对不同的故障建立故障处理卡,以保障故障的迅速准确处理。故障处理卡应包括故障名称、故障现象、故障原因分析、故障处理程序、需要的工器具和材料以及制修订相关信息等内容。

(1)传输系统。

传输系统的常见故障包括传输系统的节点工作完全停止、节点退出服务,维护终端无法监控各节点的运行,传输网络的某一用户报警等。

对于传输系统的故障,首先根据故障现象确定是硬件故障还是软件故障;对于硬件故障可以通过万用表等工具确认故障位置,并更换故障设备;对于软件故障则可以通过重新启动程序,重新进行系统配置等方法修复故障;故障现象消除后应观察一段时间,待传输系统的维护终端检查正常一段时间后,维护人员再离开。

(2)电话系统。

电话系统的故障主要分为程控交换机的故障和其他终端设备、电路板等故障。

程控交换机的故障可分为软件故障和硬件故障两大类,其中硬件故障是最常见的故障。无论是哪类故障,维修人员都可以凭借设备自身的自检功能或维修人员的经验判断故障类型。对于软件故障需进行人工的系统再启动处理;而对于硬件故障,则应找出故障部件,及时移除故障部件并换上备用部件。

其他终端设备、电路板等的常见故障包括端口电路软件故障、模拟用户电路板故障、数字用户电路板故障、中继电路故障、电话分机故障等。对于这些故障,首先需要根据故障现象进行故障诊断,分析故障发生的原因,并采取对电路板进行重新激活、重新插拔电路板、更换电路板、更换电话话机或插头等方法处理故障。

(3)无线通信系统。

无线通信系统的故障类型与所采用的无线通信系统原理和制式有关,这里以目前较常用的无线集群通信系统为例说明系统常见故障和故障的处理。

无线通信系统的故障可以分为调度台故障、无线基站故障、无线信号分配设备故障、无线系统移动台故障等几大类。

由于某些故障现象对应多个可能的原因,维修人员应根据个人经验并结合现场排查确定具体的故障原因,再采取针对性的解决方案,比如紧固接线、修复或更换故障部件、依据产品维修技术手册进行处理。

(4)视频监视系统。

视频监视系统的常见故障包括监视器无图像、控制键盘操作失败、录像机故障、监视器显示图像不正常等。其中监视器相关故障又可以进一步分类,主要依据是监视器的位置和故障,以及是否所有监视器都出现故障。监控器包括站台监控器、车控室监控器、控制中心监控器等不同地点的监控器,并且每个地点的故障又分所有监视器无图像或者个别监视器无图像两类。

视频监视系统的故障处理主要是根据故障现象,通过逐端排除法检查线路和部件直到找到故障原因,再针对故障原因,采用维修或更换故障部件、设备或线路的方式排除故障。

(5)广播系统。

广播系统的常见故障包括广播台的功能故障(比如无法进行人工广播、录音广播等)、广播台的部件故障(比如音量控制按钮、喇叭、选控按键等故障)、车站区域不能广播、广播系统的功放输出过高等。

广播系统的故障处理首先需要确定是因为优先级问题暂时不能广播还是系统确实出现故障,如果证实是广播系统故障,则检查是接线或系统设置问题还是硬件问题。接线或系统设置问题只需重新接好松落的连接线或重新进行系统配置;硬件问题则需更换故障部件。

(6) 时钟系统。

时钟系统的常见故障包括：显示子钟不走、显示子钟的指针工作不正常、二级母钟没有接收到一级母钟的同步信号、依靠时钟系统提供标准时间的其他系统出现错码而无法确认时间等。根据实际运行维修经验，时钟系统的故障主要是由于显示子钟机芯引起的故障。

时钟系统的故障处理应首先根据故障现象采用故障排查的方式确定具体的故障原因，再采用更换故障模块等方式进行进一步的故障处理。

(7) 乘客信息显示系统。

乘客信息显示系统的常见故障包括信息显示屏全灰、信息显示屏显示错误信息或乱码、工作台的功能故障（显示屏不能显示人工编辑的信息或预先编辑的信息）等。

对乘客信息显示系统的故障处理，首先应根据故障现象采用故障排查的方法，判断故障原因是软件故障、硬件问题、接线问题还是与乘客信息显示系统接口的信号系统输入错误，再针对具体的故障原因采取相应的措施及时解决故障，比如软件故障可以人工重启；硬件故障可以修复或更换故障部件；接线故障可以重新接线；信号系统的故障则联系信号系统工程师进行维修。

(8) 电源系统。

电源系统的常见故障包括：在主电源工作情况下电池消耗、系统充电正常情况下电池输出电压过低、电池无法进行充放电、整流器无法启动、UPS 单元自动关闭等。

在电源系统的故障处理中，维修人员可以通过有效利用电源系统机柜与模块的控制面板上的显示信息，准确鉴别故障的性质和原因。不同故障的处理方法不同，常见的做法包括检查主电源保护装置是否完整；检查负载是否过载；更换已损坏电池或熔断丝等故障部件。

第五节 信 号 系 统

一、概述

1. 信号系统发展

城市轨道交通信号系统是控制列车运行的"大脑"，它具有制定列车运行时刻表，控制列车运行的间隔和速度并监督列车运行安全等功能，是一个提供行车指挥和列车运行控制等重要功能的机电系统。信号系统实现列车安全、快速、高密度、有序运行，并直接关系整个系统的运营安全、运营效率及服务质量，是城市轨道交通系统运输旅客的基本保障系统。

目前，我国各个城市轨道交通系统中使用的信号系统的区别主要在于列车运行间隔控制方式的不同。列车运行间隔是轨道交通系统的重要指标，反映了系统的最大载客能力，并直接影响系统的设计标准与复杂程度，同时也影响系统的适应性或灵活性。而不同信号系统允许的最小列车运行间隔主要由行车闭塞方式决定，早期的城市轨道交通系统主要采用固定闭塞方式，其后随着信号系统的发展，固定闭塞方式逐渐被准移动闭塞和移动闭塞方式取代。这三种方式可以实现的列车运行间隔依次缩短，其特征和应用情况见表6-1。

信号系统不同闭塞方式特点及应用　　　　　　　　　　　表6-1

闭塞方式	固定闭塞	准移动闭塞	移动闭塞
列车控制	台阶式速度分级控制	目标距离曲线控制	目标距离曲线控制
列车定位方式和特点	采用模拟轨道电路等方式，不确定列车在分区内的具体位置	采用轨道电路辅之环线或应答器的方式，不确定列车的具体位置	利用无线电台通信等方式得到列车连续的位置信息
车地信息传输	实现地对车的信息传输；传输量小；易受牵引回流的干扰	信息传输量较大；信息传输受牵引回流的干扰	实现车地双向、实时、高速度、大容量的传输
轨旁设备	要求运行间隔越短，闭塞分区越多，相应的轨旁设备越多	要求运行间隔越短，闭塞分区越多，相应的轨旁设备越多	轨旁设备数目与列车运行间隔关系不大，设备简单
最小列车运行间隔	适合120s及以上间隔	适合100s及以上间隔	比准移动闭塞更小
应用的线路	国内早期建设的地铁，如北京地铁1号线、13号线等	上海地铁3、4号线，广州地铁1、2号线等	北京地铁4、8、10号线，上海地铁6、8、9号线等大多数新建线路采用

通过比较可以看到，移动闭塞比另两种方式具有较大的优势，因此在最近几年新建的城市轨道交通系统中应用广泛。典型的代表技术即是基于无线通信的移动闭塞列车自动控制（Automatic Train Control，简称ATC）系统。出于需求和成本的考虑，ATC系统一般应用于正线上，由列车自动防护（ATP）系统、列车自

动驾驶(ATO)系统、列车自动监控(ATS)系统和计算机联锁(Computer Iuterlocking,简称 CI)系统组成。而对于车辆段、停车场信号系统,独立的计算机联锁系统能够满足运营作业的需要,现在新建的城市轨道交通车辆段及停车场一般都选用了与正线区别开的独立联锁方案。

2. 主要子系统功能

ATC 系统的四个子系统各有特点:

(1) ATP 系统能够实现自动防护。ATP 系统与 CI 系统一起保障列车运行安全,是列车运行的最基础和最可靠的保障手段。ATP 系统属于城市轨道交通专有的系统,但是在概念上与汽车领域自动制动、自动加速的自适应定速巡航是相通的,区别在于安全要求更高、精度更加准确。在我国 ATP 系统强制要求具有故障导向安全的特点,即设备如果有故障就要导向安全状态,或者说只要不能确认前方是安全的就要停车。要达到这些目的,ATP 需要实现包括列车定位(距离测量)、速度测量、处理防护点和运行停车点、列车追踪间隔保障、列车紧急停车、临时速度限制、运行方向和倒行的监督、列车停稳监督、车门监督及允许开门、列车自动折返监控、列车故障信息和紧急制动的记录、列车服务数据的输入等大量的自动化功能。

(2) ATO 系统能够实现自动控制。ATO 系统主要实现列车运行的自动控制功能。ATO 在 ATP 的保护下能自动完成对列车起动、牵引、巡航、惰行、制动和开关门等的控制,确保列车运行达到设计间隔及旅行速度。ATO 系统的使用满足高水平的列车运行自动调整、节约能源,能够规范对列车运行的操作控制、提高列车正点率、保证运营指标的实现,能够实现车站站台精确停车控制,提高旅客乘坐的舒适度,能够减轻司机的劳动强度甚至实现无人驾驶。

(3) ATS 系统能够实现自动管理。ATS 系统在 ATP 和 ATO 两个系统的支持下,实现对列车运行及所控制的道岔、信号等设备运行状态的监督和控制,给行车调度人员显示出全线列车的运行状态,监督和记录运行图的执行情况,在列车因故偏离运行图时及时作出调整,辅助行车调度人员完成对全线列车运行的管理。

(4) CI 系统能够实现车轨联动。该系统主要作用是在信号机、道岔和进路之间建立一定的相互制约关系,以保证列车在进路上的运行安全。其主要工作可分为进路建立和进路解锁。城市轨道交通中的联锁设备早期采用继电集中联锁,目前多采用计算机联锁。联锁系统主要响应来自 ATS 系统的命令,在满足安全的前提下控制进路、道岔和信号机的状态和动作,并将进路、轨道电路、道岔和信号机的状态信息提供给 ATS 系统和 ATP/ATO 系统。

信号系统通过上述各个子系统的配合,实现地面控制与车上控制相结合、现地控制与中央控制相结合,完成行车指挥、运行调整及列车驾驶自动化等功能。为进一步提高信号系统的可靠性和可用性,正线信号系统采用两级行车控制运行模式,即中央级控制运行模式和车站级控制运行模式,同时车载信号系统在不同条件下也会启用不同的驾驶运行模式,此外为了保证信号系统不中断运行,在某个子系统故障或特殊情况下,信号系统还能支持必要的后备运行模式,以最大限度地给运营提供最低一级的运行条件。

二、日常管理

信号系统是城市轨道交通系统中的关键系统,系统应具备完整的故障监测体系和全面高效的维修制度,以确保故障的及时判断处理,缩短故障修复时间,提高系统的可用性。信号系统日常管理的主要工作是系统使用和维护。

1. 日常使用

信号系统主要是面向行车组织人员服务的,在其操作下,信号系统运行模式一般包括正常情况控制模式和故障的降级控制模式等。

(1)正常情况控制模式包括列车进路控制、列车运行调整、定点停车、发车、折返等工作。列车进路控制是指 ATC 系统根据列车运行时刻表进行正线进路的中心 ATS 系统自动控制,或设备集中站车站储存了当日时刻表的车站 ATS 系统自动控制,必要时中心行车调度员可以介入进行人工控制;列车运行调整是指 ATS 系统根据列车运行状态及车地通信设备提供的信息,实时对在线列车进行车次号更新、加车、减车等操作。这两项是信号系统自动工作的典型案例。

(2)故障的降级控制模式是指信号系统主用设备故障时能够自动切换至备用设备并给出相应的报警信息,设备之间的转换应确保系统的连续性(包括控制与显示)。以 ATS 系统故障为例,正常情况下为控制中心 ATS 系统自动控制,各调度员工作站相互冗余,一台故障时,可在其他调度员台上进行操作。如果控制中心的 ATS 系统或中心至车站的通信通道完全故障,系统自动降级为车站自动控制。在车站自动控制方式下,车站 ATS 分机可以根据时刻表或接近列车的车次号及目的地号等信息进行列车进路的车站自动控制。

2. 维修管理

(1) 维修方式。信号系统的维修包括日常维护、预防性维修和故障纠正性维修。

①日常维护包括巡视、测试、清扫整理、外表涂漆等工作。

②预防性维修是提高系统运作的可靠性和可用性的重要手段。需要根据设备的可靠性确定维修周期(如道岔的动作次数)并预先制定维修时间表和维修标准来进行周期性的维护工作，同时根据计算机监测远程诊断系统提供的设备运用状态数据，提前发现故障隐患，进行不定期的维修工作。

③故障纠正性维修包括所有故障的纠正和系统恢复到正常状态的操作，其中最重要的要求是尽快恢复系统的正常运行。故障纠正性维修包括现场维修和维修中心维修两类。

(2) 组织形式。维修管理体制可以按二级管理体制设置。即维修中心进行综合管理，设置修配车间和维修工区，实施设备的维修与维护，对现场设备实行集中维修(修配车间)与分散维护(维修日检工区)相结合、集中维修为主的原则。

(3) 机构人员。信号系统的维修人员包括专业技术人员和维修人员，一般每个维修工区配备一名专业技术人员，负责制订维修计划，制定并更新维修规程和制度，制订相关人员的培训计划等工作，并为故障处理提供技术支持；维护检修工区工作人员则负责日常维修工作的具体执行和记录工作。

各维修工区的定员确定与线路长度、设备数量、设备维修周期与工作内容、维修值班点的设置等因素有关，以一条长约20km的线路为例，各维修工区的参考工作范围和定员配置见表6-2。

信号系统设备维修组织机构定员表　　　　　表6-2

序号	机构名称	机构地点	定员(人)	工作范围
1	ATS工区	控制中心	7	ATS设备维修
2	车载信号设备工区	车辆段	7	车载信号设备维修
3	地面信号设备工区	车辆段	11	正线上信号设备的维修
4	车辆段工区	车辆段	9	车辆段信号设备的维修
5	综合检修工区	车辆段	7	各类信号设备的维护检修工作的测试和设备功能的定期测试

续上表

序号	机构名称	机构地点	定员(人)	工作范围
6	信号车间	车辆段	12	上述工区的管理机构,包括计划管理和专业技术支持等工作

(4)设备配置。

ATS 系统在控制中心可设有维护工作站,提供 ATS 系统及车站所有设备的检测和故障报警信息,ATS 系统的维修终端还具备对当日运行数据存储和再现的功能。

车辆段、停车场设计算机监测系统,提供计算机联锁设备的检测和故障报警信息,基础信号设备的检测和报警信息,电源设备的检测和报警故障信息等。

在车辆段维修中心的信号调度室可设有维修监测工作站,包括 ATS 终端、计算机监测终端、段场联锁维护终端、电源监测终端等类别。

各维修工区配备维修所需的仪器仪表和专用工具,同时配备完整的转辙设备、信号机构、电源设备、机电设备、继电设备、变压器,配备 ATS/ATP/ATO 系统电子设备的检修、测试专用设备,必要的信号检测、载重交通工具。

三、故障处理

信号系统发现故障后,应首先准确掌握故障现象信息,迅速判断故障点并进行处理。故障处理应遵循"先通后复"和把影响控制在最小范围内的原则。对于影响较大的故障或不做临时处理会影响扩大的故障要进行紧急处理。如果是车载 ATP/ATO 系统出现故障,一般在列车下线后再处理,在故障涉及安全的情况下可以采用立即清客、列车回库等方式,尽快进行故障处理。

1. ATP/ATO 系统

ATP/ATO 系统常见的故障包括轨旁设备故障和车载单元故障。

(1)轨旁 ATP 设备故障:主要是轨旁 ATP 单元切断、ATP 计算机对某些输入/输出锁闭等。

(2)车载 ATP/ATO 系统故障:包括车门不能自动打开、车载 ATP/ATO 无有效信息、列车在 ATO 模式下驾驶时冲出停车点、列车在 ATO 模式下无牵引、列车在人工驾驶模式尚未超过速度限制时产生紧急制动、车载 ATP/ATO 系统的驾驶台按钮无效、列车自动关门、列车在 ATO 模式下驾驶时启动正常制动却产生紧急制动、列车不能关门等。

ATP/ATO 系统的故障处理应首先确定故障原因,采取针对性的解决办法。不同的故障原因和相应的处理办法包括:

(1)人为因素故障和软件故障通常可以通过复位操作恢复。

(2)接口外部设备故障(比如车载 ATP/ATO 系统相关的故障可能是车辆系统的故障或轨旁 ATP/ATO 设备的输入故障引起的)需要维修人员对相关设备和接口熟悉外,还要对外部的接口设备功能有一定了解。故障的处理需要相关接口外部设备维修人员参与解决。

(3)系统模块故障可以采用更换故障模块方式解决。

(4)机架和电缆等引起的故障比较少见,可以在彻底排除系统模块故障的可能性后再进行相关检查,故障的处理方法包括修复或更换相关设备。

(5)环境和温度等引起的故障,这类故障一般通过重启可暂时恢复,但需要改善设备运行环境才能彻底解决故障。

2. ATS 系统

ATS 系统的常见故障包括工作站故障、中央电源故障和关键的通信管理机故障等。其中典型的工作站故障主要有某台工作站不能执行 ATS 系统的某些操作指令;所有工作站都不能执行 ATS 系统操作命令或反应缓慢;工作站显示的车次号错误;全部工作站上显示某一联锁区全灰等。在 ATS 系统故障情况下通常要启动降级模式,比如由中央级控制改为车站级控制,人工修改车次号/时刻表等运营参数;采用电话闭塞法组织行车;将电源置于旁路状态等,尽量在保障运营安全的前提下减少对行车的影响。

3. CI 系统

CI 系统的故障包括控制系统故障、信号机故障、道岔故障、本地操作工作站故障等。

(1)控制系统的故障主要有与传输通道有关的故障和计算机通道故障两类。

(2)信号机故障包括信号机断主丝故障、信号机灭灯、信号机灰色等。

(3)道岔故障包括道岔挤岔、道岔转不到位、道岔灰色等。

(4)本地操作工作站故障主要是包括工作站灰色(已开机但不能操作)、工作站黑色(没有开机或显示器没连接)等。

CI系统的故障处理可以利用本地操作工作站的故障报警显示（操作工作站自身故障除外），结合故障现象分析故障源和故障原因，定位故障点并确定是软件故障还是硬件故障。软件故障则复位或重启软件，硬件故障则检查是否存在连线问题和电源状态，如均无问题则逐一更换相关硬件，采用排除法确定故障硬件。

第六节 综合监控系统

一、概述

城市轨道交通综合监控系统是控制中心工作人员开展运营系统调度、指挥、监视、控制等的重要系统，是保障全系统稳定运行的重要技术平台。系统通过运用计算机技术、网络技术、电子集成技术等先进技术手段，互通集成多个子系统，一般主要包括电力监控、环境监控、设备监控、火灾报警、消防控制等子系统。

1. 组成架构

城市轨道交通综合监控系统架构主要采用"两级管理、三级控制"的分级分层模式。其中，两级管理主要是指中央级管理和车站级管理，三级控制主要是指中央级控制、车站级控制和现场级控制。城市轨道交通综合监控系统架构如图6-3所示。

（1）中央级。

中央级管理主要任务是对各下层监控对象进行信息采集、互通、监控、汇总、统计及分析等，一般包括电力监控系统、环境与设备监控系统、火灾报警系统等，并主要配置服务器、系统接口、交换机、显示设备（大屏）等设备。

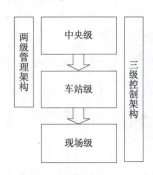

图6-3 城市轨道交通综合监控系统架构

（2）车站级。

车站级管理主要任务是接受中央级的传输信息并对现场级设备下达操作命令，同时接受现场级信息并传输给中央级。一般主要配置服务器、交换机、系统接口等设备。

（3）现场级。

现场级管理主要是接受上一层级命令,进行设备操作控制,并采集设备信息向上一层级进行传输,主要包括运行设备（监视对象）、传感器、数据传输线等设备。

2. 系统功能

综合监控系统的功能主要包含系统监控、联动、信息管理、显示、热备冗余、数据处理等。

城市轨道交通综合监控系统平台示意如图6-4所示。

（1）监控功能。监控是综合监控系统最为重要的功能,主要实现对电力系统、通风空调与采暖系统、火灾自动报警系统、消防及给排水系统、自动售检票系统、站台门系统、视频监视系统、广播系统、时钟系统等进行监测和控制。

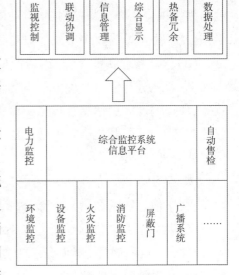

图6-4 城市轨道交通综合监控系统平台示意

①电力监控。电力监控主要是对主变电所、降压变电所、牵引变电所等设施、设备的运行状态进行监测和控制,可实现遥信、遥测、遥控及遥调。

②通风空调与采暖系统监控。通风空调与采暖系统监控主要是对风机、风阀、空调设备、采暖设备等的运行状态进行监测和控制。

③火灾自动报警系统监控。火灾自动报警系统监控主要是对火灾报警探测器位置分布进行显示,并对探测器、传感器、控制器运行状态进行监测和控制。

④消防及给排水系统监控。消防及给排水系统监控主要是对消防及给排水等设备运行状态及工作信息进行监测、传输及控制。

⑤自动售检票系统监控。自动售检票系统监控主要是对自动售检票系统闸机等设备运行状态,以及客流数据等重要信息进行监测、控制、收集及分析。

⑥站台门监控。站台门监控主要是对站台门开关等工作状态进行监测和控制。

⑦视频监视系统监控。视频监视系统监控主要是对信息显示状态进行监测和控制。

⑧广播系统监控。广播系统监控主要是对信息传输设备工作状态进行监测

和控制。

⑨时钟系统监控。时钟系统监控主要是对时钟信号接收状态进行监测和控制。

(2)联动功能。联动功能主要分为全自动、半自动和手动三种。其中,全自动即为实现自动联动与控制;半自动即为在系统联动功能触发时,人员可以进行干预控制;手动即为整个触发控制过程,均由人员进行控制。

(3)信息管理功能。信息管理功能对于不同监控对象可实现分类型、分种类、分专业地进行信息管理。如电力调度人员信息管理主要侧重电力设备运行状态;环控调度人员信息管理主要侧重对机电设备运行状态的监控。因此,根据监控内容的不同,其他内容一般无法显示或无法操作,相互之间不交叉,实现了信息的差别化管理。

(4)显示功能。信息显示功能是综合监控系统的基本功能,主要包含数字信息、文字信息和图像信息三部分。

(5)热备冗余功能。综合监控系统的可靠性是制约系统控制能力的重要因素,因此,针对系统的关键设备(如服务器、网络、数据接口)或软件都需采用热备冗余,在系统设备或软件出现故障时,可实现自动切换并隔离故障单位,保证具备持续工作的能力。

(6)数据处理功能。数据处理功能是指系统在接收到相关信息后,可实现对包含文字、图像、数据等在内的各种信息类型进行分析、判断、筛选及统计等功能。

二、日常管理

综合监控系统日常管理主要包含运营管理模式、日常管理组织、系统维修等方面。

1. 运营管理模式

综合监控系统运营管理模式主要分为正常状况、应急状况、故障维修、系统管理四种。

(1)正常状况模式。

在正常情况下,综合监控系统按日常监控管理模式运行。主要操作人员为控制中心调度人员和车控室值班人员,实现对全线或车站管辖范围内综合监控系统本身,各集成或互联系统的运行状况和报警信息的监视管理,并且实现对相关设备在正常状况下的联动控制功能。

(2)应急状况模式。

在火灾、阻塞和紧急突发事件等非正常情况下,控制中心应急调度指挥人员和车站控制室值班人员利用综合监控系统的联动控制功能,控制相关系统、设备进入相应的防灾救灾模式,发挥其在防灾救灾中的紧急协调作用。

(3)故障维修模式。

在设备发生故障及系统维修的情况下,维修调度人员和现场设备维修人员使用综合监控系统的故障维修工作模式并开展维修工作。

(4)系统管理模式。

在需要修改综合监控系统的系统配置、更新软件、调试系统等情况下,系统工程师等专业技术人员使用系统管理工作模式,完成对综合监控系统的系统管理工作。

2. 日常管理组织

综合监控系统的日常管理组织包括运营机构和维修机构两大部分。

(1)运营机构工作人员包括控制中心、各车站和车辆基地的值班人员:

①控制中心与综合监控系统有关人员包括值班主任、环控调度员、电力调度员和维修调度员(行车调度员负责信号系统监控)。

值班主任负责协调指挥各专业运转和各种运营事件的集中处理,同时接受上层运管系统的统一协调和运营调度命令并反馈信息。

环控调度员负责全线环控(即通风、空调与采暖系统)及其他车站机电设备(如电梯、自动扶梯、给排水等)的集中监控、车站环境监控和火灾报警集中监控等。

电力调度员负责全线电力的统一配给和运转监视等。

维修调度员负责安排和协调日常设备维护,安排临时故障处置工作。

②车站车控室不设专职管理人员,由值班人员使用综合监控系统设备对车站机电设备运行进行全面监视和控制,并对综合监控系统控制设备进行日常维护。

③车辆基地不设专职管理人员,由值班人员使用综合监控系统设备对车辆基地机电设备运行进行全面监视和控制,并对综合监控系统控制设备进行日常维护。

(2)维修机构工作人员包括专业工程师和分别设在控制中心和车辆段的维修工班。维修工班的定员由车站数量、设备数量、维修周期和工作内容、维修值班点的设置等因素决定。

①专业工程师对维修工作和日常运营操作起到技术支持作用,主要负责根据综合监控系统设备的构成和运行状态制订相应的维修计划、材料计划和维修

管理规定,督促维修工班完成维修计划并检查计划完成情况,制定维修规程等技术文件并定期对维修工班进行技术培训。

②控制中心的维修工班负责对综合监控系统设在控制中心的设备进行各种维修作业、故障维修和临时维修任务等,并完成维修工作的记录。

③车辆基地的维修工班负责对综合监控系统设在车辆段和全线车站管辖范围内的设备进行各种维修作业、故障维修和临时维修任务等,并完成维修工作的记录。

3.系统维修

综合监控系统维修主要包含计划性维修、故障性维修及优化性维修三种。

(1)计划性维修。

计划性维修主要是指按照维修计划表,通过采用多种技术手段,按照系统设备、软件参数,进行功能性检查、故障诊断及性能测试。综合监控系统计划性维修表见表6-3。

计划性维修按照维修内容可分为一级、二级、三级和四级维修;按照维修周期一般可分为日检、月检、季度检及年检等。

一级维修又称为日常维护,主要针对易出现故障的设备进行维护。

二级维修包括月检和季度检两种,主要内容包含对设备的内部零件检查,外部清洁、电压、电流等参数测试等。

三级维修主要是指年检,其主要内容除月检和季度检的全部内容,还包含系统软件测试、备件维护、服务器和交换机等重要设备的维修等。

四级维修主要是针对系统设备老化问题进行的升级、改造或更新处理。

综合监控系统计划性维修表　　　　　　　　　　　　　　　表6-3

序号	维修对象	维修级别	维 修 内 容	维修周期
1	服务器	三级	日常维护内容	每年
2			系统运行参数	
3			系统分区是否存在坏区	
4			系统备份完整性	
5			外观清洁程度	
6		四级	包含三级维修内容	按照实际情况
7			硬件板卡升级	
8			系统软件更新	

续上表

序号	维修对象	维修级别	维修内容	维修周期
9	交换机	三级	日常维护内容	每年
10			内部电缆接线完好情况	
11			电源冗余能力;内外部除尘	
12		四级	包含三级维修内容	必要时
13			设备更新改造	
14	后备盘	二级	日常维护内容	每季度
15			信号系统接口功能测试	
16			自动售检票系统功能测试	
17			站台门系统接口功能测试	
18			自动扶梯接口功能测试	
19			门禁系统接口功能测试	
20		三级	包含二级内容	每年
21			火灾模式下的接口功能测试	
22		四级	包含三级维修内容	按照实际情况/必要时
23			老化指示灯更换	
24			老化开关更换	
25			老化按钮修复	
26	不间断电源	二级	日常维护内容	每月
27			线路绝缘测试	
28			接线是否松动,表面有无破损	
29			设备运行参数(电压、电流、频率、功率等)	
30			设备自投等保护功能测试	
31			线路接口固件是否有腐蚀、破损等	
32			单体电池测试	
33			电池放电测试	每季度
34			电池表面、电源柜、机柜内部等清洁情况	必要时
35		三级	包含二级维修内容	每年
36			所有接口固件维修	
37			电源柜模块及重要元件外观检查	
38			内部连线电气性能	

续上表

序号	维修对象	维修级别	维 修 内 容	维修周期
39	不间断电源	四级	包含三级维修内容	定期三年或必要时
40			模块及细小部件清洁	
41			所有接口固件更新	
42	电缆监控系统软件	三级	遥信信号测试	定期三年
43			遥控信号测试	
44			遥测信号测试	
45			控制联锁测试	
46			系统冗余测试	
47			人机交互测试	
48			控制权限测试	
49			程控卡板测试	

（2）故障性维修。

故障性维修属于非计划性维修，主要针对突发设备及软件故障，通过维修人员修复及时排除故障。故障性维修处理原则为"先通后复"，需要在充分利用现有设备的基础上，在最短时间内查找问题、排除故障、恢复功能。

（3）优化性维修。

优化性维修主要是指针对正常运行的设备及软件已无法满足实际工作要求的情况，通过采取优化升级等完善手段，提高系统适用性的维修。城市轨道交通是一项极其复杂的系统，而且涉及容量庞大，系统建立初期一般只能满足关键点位的布控，无法满足全部点位的监控。因此，随着时间的推移和客流的上升，应不断增加布点数量，逐步实现全方位监控。

三、故障处理

综合监控系统常见故障主要包括交换机故障、处理器故障、显示故障、不间断电源故障等。其中，交换机故障主要表现为传输电信号中断或不畅；处理器故障主要表现为数据处理不畅或无法执行；显示故障主要表现为无法显示数字、文字、图像等信息；不间断电源故障主要表现为无法提供持续电力供应。综合监控系统常见故障表见表6-4。

城市轨道交通综合监控系统常见故障表   表6-4

序号	分类	故障类型	故障内容	处理方法
1	交换机	风扇电源故障	因为线路老化,造成风扇不能运转	增加外部独立电源
2		端口故障	因为插拔端口形成的污染物,造成端口通信传输故障	电源关闭后,用酒精擦洗端口,进行清洁
3		硬件模块故障	因为工作损耗,造成损坏	保证电源供应的情况下,检查模块位置及线缆连接
4		基板故障	因为天气潮湿或高温,造成线路短路,电板不能正常工作	在正常电源供应下,如果模块都不能工作,需更换基板
5		系统故障	因系统软件设计漏洞,造成过载、数据丢失、传输错误等	下载软件补丁进行修复
6		配置错误	由于工作人员技能不熟练,造成网络不通、端口匹配错误等	恢复出厂设置
7		密码丢失	人为遗忘或系统故障造成的	系统重启或重置密码
8		网络攻击	因为黑客攻击,造成数据量过大,通信通道阻塞,无法正常工作	先切断与外界通信联系,再进行报警或其他数据清除处理
9	处理器	死机	数据量瞬间过大	系统重启
10			系统配置错误	重新安装配置文件
11			闪存硬件损坏	更换闪存配件
12		通信中断	内置交换机损坏	更换内置交换机
13			主板损坏	更换主板,重新配置处理器文件
14			网线破损或松动	紧固或者更换网线
15	显示故障	投影机故障	正常供电时无反应	用万用表检查供电,并检查连接线是否牢固
16			无图像显示	检查输入端连接情况,并确认收到了图像信号
17		处理器故障	屏幕无反应,但鼠标、键盘正常	运用键盘实施重启
18			屏幕、鼠标、键盘无反应	按复位键重新启动
19			屏幕蓝屏	按复位键,并进行系统重启
20		主、从处理器	从处理与主处理器通信服务故障	重启处理器
21			从处理器上的网络出现故障	检查网络线路和交换机状态

续上表

序号	分类	故障类型	故障内容	处理方法
22	不间断电源	电池故障	电池无法提供电力源	更换电池
23		温度超限	因系统运行或天气原因,温度过高	采取自然冷却或物理冷却
24		逆变器故障	因工作损耗造成无法正常工作	更换相关部件
25		逆变器过载	输入电压过高造成过载	调整输入电压在限界范围内
26		充电器故障	因设备损耗造成无法正常充电	更换相关部件
27		频率转换器连线错误	因线路连接错误,造成频率转换器无法正常工作	按照正确连线方式,调整连线

第七节 环境与设备监控系统

一、概述

环境与设备监控系统为乘客创造安全、舒适、可靠的乘车环境,对车站、区间的空调、通风、给排水、照明、自动扶梯等设备的运行状态进行自动管理,使设备按照预定模式运行,并发挥最佳效益。环境与设备监控系统一般由两个子系统构成,一是对通风空调系统和防排烟系统设备进行监控的管理网络,二是对车站照明、自动扶梯、给排水等设备进行监控的管理网络。环境与设备监控系统设置控制中心和车站两级管理,控制结构可分为中心、车站、现场三级控制。控制中心管理级的监控设备设置在控制中心的中央监控室,而车站管理级的监控设备设置在车站控制室。

1. 中心级环境与设备监控系统的功能

(1)显示全线各站的设备状态,并可以发出控制指令。

(2)在数据库中存储各车站设备状态、环境状态等信息数据,并提供分析处理、查询、打印等功能。

(3)协调各车站环境与设备监控系统的运行,实现全线设备的联合运行。

(4)接收各车站环境与设备监控系统工作站上传的火灾信息和控制中心的列车阻塞信息,并根据预定方案向相关车站发出相应的运行模式指令。

2.车站级环境与设备监控系统的功能

（1）显示本站的设备状态，并可以发出控制指令。

（2）接收并存储本站设备状态、环境状态等信息数据。

（3）对本站设备状态、环境状态等信息数据进行分析处理，得到当前的合理运行模式和相关参数，并向本站各控制器发出模式指令和参数。

（4）接受中央级运营控制中心的控制指令，并指挥控制器执行。

（5）接收车站火灾报警系统控制器的火灾信号，根据预定方案向本站各控制器发出相应的运行模式指令。

3.现场级环境与设备监控系统的功能

（1）由设在设备机房内的控制器来实现向车站控制室传送所控制设备的工作状态。

（2）执行车站控制室发布的控制命令。

（3）在车站控制室发生故障时，独立地进行设备监控。

（4）在维修及更换设备时，进行现场维修。

二、日常管理

环境与设备监控系统的日常管理工作主要是监控设备系统的状态，关注报警信息，处理日常故障。日常运行和管理人员主要包括：环控调度员、车站站务人员、维修人员等。

（1）环控调度员是中心级环境与设备监控系统的使用者，需要熟悉环境与设备监控系统（主要是中心级设备）的操作方法，熟练掌握其工作模式，并且熟练掌握火灾处理程序，组织启动相应的防灾模式，其职责包括：

①控制调节全线车站和隧道的环境。

②监视相关设备运营状态，并指挥设备按运营需要合理运作。

③响应突发事件，并调度相关防灾设备执行防灾模式。

（2）车站站务人员是车站级环境与设备监控系统的使用者，需要熟悉环境与设备监控系统（主要是车站级和现场级设备）的操作方法，熟练掌握其工作模式，并且熟练掌握火灾处理程序，组织启动相应的防灾模式，其职责包括：

①监视本站所辖设备的运行状态和故障情况，监视环境与设备监控系统本身的自动运行情况。

②通过环境与设备监控系统车站级工作站监视本站所辖设备的运行状态、故障情况和环境与设备监控系统的自动运行情况,并将故障和异常情况上报给环控调度员和维修调度员。

③接受环控调度员指令,控制车站机电设备并对设备执行情况进行确认。

(3)维修人员隶属于环境与设备监控系统的维修工班,负责环境与设备监控系统的维护维修及故障处理,确保提供运行良好的系统设备,其职责包括:

①对环境与设备监控系统的设备进行计划性维护修理和故障维修。

②对系统缺陷进行整改,优化系统功能,根据实际需要扩展系统功能,最大限度发挥系统作用。

环境与设备监控系统的维修工班可与其监控的系统(如电梯、自动扶梯、给排水等)设于同一维修车间,以减少接口关系。也可与其他自动化系统(如火灾自动报警系统)设置在同一维修车间内,以利于维修资源的集中配置和管理。一般来说,在具体维修组织中,对于一条长 20km 左右的线路,可以配置 1 名环境与设备监控系统的专业工程师和 8 人左右的专业维修队伍。

三、故障处理

环境与设备监控系统主要是监控空调、通风、给排水、照明、自动扶梯等机电系统运行状态。一般情况下,系统控制功能故障可通过就地操作相应的设备完成,因此,对于一般故障可以在正常工作时间进行处理。而当故障涉及火灾模式的自动运行时,属于重大故障,若不及时修复,将会影响到系统运营安全,需对系统进行抢修,尽可能短时间内恢复。

在环境与设备监控系统发生故障后,维修调度员应首先判断是否属于重大故障,对于重大故障须通知车间生产调度员进行抢修组织,而一般故障则由维修工班根据实际情况及当日排班情况,安排维修人员进行故障维修。

环境与设备监控系统的常见故障主要分为系统本身的监控功能故障、与其他系统的接口功能故障、系统硬件故障三类,具体故障现象包括:不能控制被控设备(控制功能故障)、监视设备状态结果不正确(监视功能故障)、系统没有收到火灾自动报警系统的火灾报警信号(与火灾自动报警系统的接口功能故障)、在没有列车阻塞时系统显示列车阻塞信号(与信号系统接口功能故障)、系统控制器故障(系统硬件故障)等。故障处理总体应遵循下列原则:

（1）对于系统本身的监控功能故障和与其他系统的接口功能故障，应首先判断故障是否是由于被监控设备、接口系统的故障而引起的，如果是则通知相关系统的专业维修人员进行维修，如果不是则需要检查本系统并查找故障原因（可能的原因包括人为设置错误、硬件故障和接线问题等）并采取相应的解决方案。

（2）对于系统硬件故障，需要采用万用表等工具排查故障部件，并修复或更换故障部件。

（3）在故障处理的过程中，应注意不能影响接口专业（被监控设备、火灾自动报警系统、信号系统）的运作，如果涉及接口专业的维修应先与接口专业协调，预先告知可能造成的影响，必要时在其监护下方可进行维修作业。故障处理后还应进行模拟试验运行，确定无异常情况出现方可视为处理完毕，并对现场进行恢复。

第八节　通风、空调与采暖系统

城市轨道交通的地下线路除了各站出入口和通风口与大气相通以外，基本上与大气隔绝，而列车运行和设备运转以及乘客等都会散发出大量热量，如果不及时排出，轨道交通内部的空气温度就会升高；同时，轨道交通周围土壤含有的水分通过周围结构的渗透量也较大，若不及时排出，轨道交通内部的空气湿度也会增大，这些都会造成乘客不适。因此，如何维持轨道交通内部良好的环境问题，越来越受到人们的关注。

一、概述

通风、空调与采暖系统是对轨道交通内部环境进行空气处理的系统，它调节指定区域内的空气温度、湿度，并控制二氧化碳、粉尘等有害物质的浓度，也称环控系统。在轨道交通系统正常工作的情况下，该系统主要作用是调节温度、除湿、排热，同时对新风和回风中的粉尘、有害物质及人员呼出的二氧化碳进行过滤和处理，为乘客和工作人员创造一个舒适的环境，并保证设备能持续正常地运行。而当轨道交通系统出现异常情况时，该系统还能通过通风、排烟等手段维持乘客和工作人员的基本生存环境，例如当发生火灾、毒气等事故时，系统可以及时排除有害气体。

1. 系统模式分类

根据城市轨道交通隧道通风换气的形式及隧道与车站站台层的分隔关系，

系统通风模式一般可分为三种:开式系统、闭式系统和全封闭站台门系统。

(1)开式系统指隧道内部与外界大气相通,利用活塞风井、车站出入口及两端洞口与室外空气相通,进行通风换气,系统仅考虑活塞通风或机械通风。

(2)闭式系统指地下车站内空气与室外空气基本不相连通的方式,即车站内所有与室外连通的通风井与风门均关闭,仅通过风机从室外向车站提供所需空调最小新风量或空调全新风。在采用闭式系统的城市轨道交通系统,为了提高旅客的安全性,许多车站在站台边缘也设置了全高站台门或半高站台门,但并没有将隧道和车站的空气隔离开来。

(3)全封闭站台门系统指安装在站台边缘的全封闭站台门将站台公共区与隧道轨行区完全屏蔽,有效阻止隧道内热流、气压波动和灰尘等进入车站,有效地减少了空调负荷,为车站创造更舒适的环境。各种通风模式的优缺点和应用见表6-5。

各种通风模式的优缺点和应用情况　　　　　　　　　表6-5

模式	描述	优点	缺点	应用范围
开式系统	活塞作用或机械通风,通过风亭使地下空间与外界通风换气	系统简单,设备少,控制简单,运行能耗低	标准低,无法有效控制站内环境、组织防排烟	欧美北部地区的老线,我国北京1号线、2号线
闭式系统	有隧道通风设施,其运行方式根据室外气候的变化,通过风阀控制可采用开式和闭式运行;车站空气与隧道相通	活塞效应将车站的空气引入区间隧道内降低隧道温度,区间隧道内的空气温度较同样运行条件下的全封闭站台门系统低;站台视野开阔,广告效应好	车站的温度无法维持稳定,空气品质难控制;空调季节空调系统投资和运行费用高;通风空调系统机房大,相应土建投资大	国内长江以北,夏季需要使用空调的时间较短、温度不太高的城市
全封闭站台门系统	在闭式系统的基础上,用全封闭站台门将车站与隧道区域隔离开	提高安全性;降低活塞效应对车站的影响,减少车站与隧道的空气对流,减少车站冷负荷的损失,提高车站空气洁净度,降低列车进站带来的噪声;节省通风空调系统的初期投资、运行费用和土建初始投资	增加了全封闭站台门的初始投资和运营费用;增加与有关专业的接口关系;高温季节很难控制隧道内的温度	国内长江流域及以南,夏季需要使用空调的时间较长,温度较高的城市

2. 系统组成及功能

城市轨道交通的通风、空调与采暖系统的组成与各建筑物功能区的划分密切相关,其中还必须兼顾安全性考虑,如防排烟系统的设置问题。根据分区和功能的不同,通风、空调与采暖系统可简化为五个子系统:公共区通风空调兼排烟系统、设备管理用房通风空调兼排烟系统、隧道通风兼排烟系统、设备管理用房采暖系统、空调制冷循环水系统。

(1)公共区通风空调兼排烟系统。

公共区通风空调兼排烟系统为城市轨道交通车站的站厅、站台层公共区等乘客活动的主要场所服务,其服务区域是环控系统的主要服务区,一般简称为环控大系统。

(2)设备管理用房通风空调兼排烟系统。

设备管理用房通风空调兼排烟系统服务于各种运营管理用房和控制系统的设备用房,一般简称为环控小系统。各类设备管理用房根据不同的环境和温湿度要求,可分为如下几种房间:

①需空调、通风的用房。这类房间通常是有对高温比较敏感设备的房间,或有人值班的房间,例如通信、信号、车站控制中心、环控电控、会议室、人员值班等用房。

②只需通风的用房。这类房间通常是对温度要求不高的设备用房,例如高低压、动力照明、环控系统等设备用房。

③只需排风的用房。通常是一些具有辅助性功能的房间,例如洗手间、储藏间等。

④需气体灭火保护的用房。通常是重要设备室,例如通信和信号设备室、环控电控室、高低压设备室等。

(3)隧道通风兼排烟系统。

隧道通风兼排烟系统分为区间隧道机械通风(兼排烟)和车站隧道通风两部分,其作用是通过机械送风、排风或列车活塞风作用排除区间隧道内余热余湿,保证列车和隧道内设备的正常运行。

(4)设备管理用房采暖系统。

设备管理用房采暖系统根据房间处于地下车站及区间、地上车站、控制中心和车辆段等不同地点,应遵循一定的设置原则:

①地下车站及区间。车站及区间隧道不宜设采暖系统，对于有工作人员的车站管理用房，需要时可以设置采暖装置。

②地上车站和控制中心公共区不应设置采暖系统，管理用房应设采暖装置，设备用房应根据工艺要求设采暖系统。

③车辆段的停车库、列检库、洗车库、月检库等运用和检修生产设施库室应设采暖装置。

④热源的选择方面，在有条件利用附近热网时，热源应尽可能采用附近热网，否则可采用无污染的热源，例如局部电热采暖。

(5)空调制冷循环水系统。

空调制冷循环水系统的作用是为空调系统制造冷源并将其供给空调制冷，同时通过冷却水系统将热量送出车站。目前，城市轨道交通通风空调系统根据冷源与车站的配置关系分为独立供冷与集中供冷两种形式。独立供冷指各建筑物(车站、车辆段、车辆基地、控制中心)设置各自独立的冷冻站；集中供冷是同一处冷冻站为相邻 3～5 个车站同时提供冷源的模式。

二、日常管理

1. 日常管理机构

通风、空调与采暖系统设备运行管理设有日常巡检工班、专业维修工班、专业技术组。

(1)日常巡检工班负责车站设备的操作和运行记录工作，反馈设备运行状态，负责车站设备的日常巡视、定期维护、简单故障处理等工作。

(2)专业维修工班主要负责专业技术组编制下达的日常计划性维修、故障维修以及抢修等工作。每个工班由 6～12 人组成，有电工、钳工、制冷工、管道工等工种。

(3)专业技术组主要负责编制年度和月度生产计划和材料消耗计划；检查和考核工班的维修作业完成情况、安全作业情况和材料消耗情况；负责系统的设备管理工作；负责编制和实施专业内的培训工作；负责各类生产和技术文本的编制以及企业标准相关的工作；负责检查车站环境控制参数实现情况；负责检查车站环控模式执行情况；负责所辖工班的各项作业和故障处理的技术支援和指导工作。

2. 日常管理内容

通风、空调与采暖系统管理主要包含巡检、维修作业和运行档案管理三个方面。

(1) 巡检。运营单位根据通风、空调与采暖系统的特点设置巡视组,制订巡视计划和制度,并填写各类巡检的表格。一般情况下,每组巡视人员不少于两人;巡视人员根据各子系统的工作条件和巡检要求选择巡视的时间,原则上每天应把所有设备都巡检到位,需进入区间巡视的应按有关规定办理作业令,遵守维修生产程序办理请点、销点手续;巡视途中需改变有关设备工作状态时,巡视人员要及时报知环控调度员及相关生产调度员;巡视人员应根据巡视情况及时、完整填写巡视记录,如冷水机组运行参数记录、组合空调机组巡检记录、冷却塔巡检记录等。

(2) 维修作业。运营单位应根据系统的现状、维修周期、技术条件和故障情况制订维修计划。设备年度维修计划应均衡安排,本年度的年度维修计划应根据上年度维修计划的完成情况制订。

维修分为三类:小修、中修和大修。小修是由维修人员在现场或专门维修场所按照维修手册和维修规程,对曾发生过的故障进行结构性分析诊断,更换或修复少量的零部件或组件,以及全面调整或调校等工作。中修是由专业维修人员带领维修队伍在现场对结构和系统进行全面检查和调整,需要更换和修复设备的主要零部件和磨损件。大修因需要将设备全部解体,一般请制造厂商或大修单位承担。

根据日常运营维护的特点,各运营单位对通风、空调与采暖系统维修项目因系统的特殊性,实际操作的情况有所不同。通用维修项目主要包括:冷水机组、水泵、冷却塔、组合空调机、柜式/挂壁式/吊式空调机、风机、组合风阀及风量调节阀、防火阀、水阀、分体空调器、水系统管路、风系统管路和消声器等的维修。

(3) 运行档案管理。运行档案分为竣工资料、设备档案、维修记录和故障记录。

① 竣工资料包括各专业设计图纸、设计变更通知、供货商提供的设备图纸和使用说明书。通常将常用的图纸、资料的复印件存在生产部门以便查阅。

② 设备档案包括冷水机组、空调柜、风机、水泵、冷却塔等各环控设备安装说

明、操作手册、维修手册、调试记录、系统或设备的原始数据等。

③维修记录包括各巡检工班、维修工班根据各修程作业情况填写的各类原始文档。维修记录经收集保存后将做成标准的电子文档,以便于保存查阅和分析。

④故障记录是指通风、空调与采暖系统所发生的各种故障处理情况记录,包含故障发生的日期、故障描述、处理过程、跟踪结果等内容。故障记录经收集保存后将做成标准的电子文档,以便于保存查阅和跟踪分析。

专业技术人员对上述各项记录进行定期和不定期检查、整理及更新,每季度至少检查一次,保证各项记录的完整和清晰。

三、故障处理

1. 故障处理的原则

通风、空调与采暖系统的故障处理,应尽量保证设备能恢复使用功能,如无法在短时间内完全恢复,应遵循"先通后复"的原则,即至少确保设备恢复运营所必需的功能,在保证运营安全的前提下,尽快恢复运营,在运营结束后,再对未完全修复的部分进行补修处理。

2. 常见故障与处理

通风、空调与采暖系统的故障主要包括:环控柜故障、风机风阀故障、冷水机组故障、组合空调机故障等不同设备的故障,具体来说典型故障有环控柜启动超时、风阀故障灯亮、风机回路不运行/无法停止运行、冷水机组没有供电压/油温过高、组合空调机轴承温升过高/风机段积水等。

系统故障处理应及时判断分析故障的产生原因,在同一故障现象有多种可能产生原因时,可采用排除法确定实际引起故障的原因。确定故障原因后,须针对故障采取合适的处理方法,例如软件故障通过重启/重新配置系统参数解决,硬件故障通过修复或更换故障部件解决,接线故障可以现场修复,由接口系统引起的故障与相关系统维修人员共同解决等。

故障处理完毕后,必须检查设备运行状况,合格才算维修完毕,并应在离开前对现场进行清理和恢复,并做好故障处理记录等相关工作。

第九节　火灾自动报警系统

一、概述

火灾自动报警系统(Fire Alarm System,简称 FAS)主要是为了探测包括城市轨道交通车站、区间隧道、车辆段等与城市轨道交通运营有关建筑和设备的火灾信息,监视报警设备工作状态,接收报警信号,启动有关防火、灭火装置。火灾发生初期,系统通过设置在现场的感烟、感温和感光火灾探测器等火灾触发器件自动接收火灾燃烧所产生的烟雾、温度变化和热辐射等物理量信号,并将其变换成电信号输入火灾报警控制器,也可以通过手动报警按钮以手动的方式向火灾报警控制器通报火警。火灾报警控制器对输入的报警信号进行处理和分析,经判断为火灾时,立即以声光信号等火灾警报装置发出火灾警报,并记录和显示火灾发生的时间和位置,同时联动各种防烟排烟系统、气体灭火系统、防火门、防火卷帘等防烟防火设施,控制火灾蔓延和发展。

FAS 通过设在车站站厅、站台等公共区域,设备用房、管理用房等办公区域的探测点,监视保护区域火灾情况,以便尽早发现和通报并发送火灾联动指令。

FAS 设备主要由设置在城市轨道交通控制中心大楼、车辆段、变电所、区间隧道和沿线各车站等场所的火灾自动报警系统设备,相关的网络连接以及系统接口等构成。

(1)中央级设备。

中央级设备包括图形命令中心(Graphic Control Computer,简称 GCC)、消防专用电话、与主时钟的接口等。

①GCC 提供了全线各站点设备的分布图,使得控制中心的环控调度员可以直观地看到火灾报警点的位置,并能提供对本线路火灾自动报警系统设备运行状态的监视。

②设置在控制中心的专用外线电话与城市消防部门、防汛和地震预报中心直连,可用于火灾情况下的报警。

③通过与主时钟的接口接收通信系统提供的时钟同步信号,并通过网络将时钟同步信号传送到 FAS 的各个站点,可实现全线各站点的时间同步。

（2）车站级设备。

车站级设备包括火灾报警控制器、车站级 GCC 和管辖区域内的各种探测器、手动报警按钮、警铃、消防专用电话等现场设备。

①火灾报警控制器是 FAS 的重要组成部分，主要功能包括：监视火灾自动报警系统各类现场设备的运行状态；接收火灾探测器发来的火情报警并迅速准确地进行转换和数据处理，进行声光报警，并指示报警具体部位和时间；通过与消防水系统、防火卷帘门和气体自动灭火系统等相关消防设备的接口，实现消防联动控制。

②车站级 GCC 可以进行火警报警、设备故障报警等信息的查询，并且具备本站点的 FAS 设备分布图，为车站站务人员提供良好的 FAS 管理及火警处理的人机界面。

③火灾探测器通过监测火灾发生后的温度、烟雾等物理量，向火灾报警控制器发送相应的报警信号。按照不同的监测原理，火灾探测器可分为感温探测器、感烟探测器、感光探测器、气体探测器、线性感温探测器以及结合多种监测原理的复合式火灾探测器等。

④手动报警按钮分布在公共区域和设备区，一般在设置消火栓的地方均设置手动报警按钮。可以直接按下手动报警按钮面板上的玻璃即向 FAS 报警，通过手动报警按钮对应的地址码可确定报警地点。

⑤为防止在火灾发生时引起公众的惊慌，在车站公共区和出入口一般不设警铃，而在车辆段和主变电所等建筑内设置警铃，提醒现场工作人员火情的发生。

⑥车站级消防专用电话指车站内的独立消防专用电话网络，在消防控制室、车站控制室、消防水泵房、气体保护房间、通风机房等重要的房间门外设置壁挂电话，用于消防报警。

（3）消防联动控制。

在火灾被确认后，需要向相关消防设备和非消防设备发出控制信号，及时完成火灾情况下的处理程序。一般来说，车站的消防联动控制包括如下功能：

①向自动售检票系统发送火警信号，以自动方式或人工打开闸机门，及时疏散车站付费区内的乘客。

②向门禁系统发送火灾信息，由门禁系统打开相关区域的门。

③向供电系统发送火警信号,使得电力监控系统或降压变电所开关柜切断三级负荷,保障火灾模式下重要用电负荷电力供应。

④向本地广播系统发送火灾信息,使得系统转换到火灾紧急广播状态。

⑤向环境与设备监控系统发送火灾信息,将相关设备运行模式转换为预定的火灾模式。

⑥通过消防控制室的直接控制盘或火灾报警控制器直接控制消防泵、喷淋泵的启停并接受其反馈信号,显示工作状态和故障状态。

⑦通过与防火卷帘门的接口,控制设在疏散通道的防火卷帘门完成火灾工况下的相应动作。

⑧与气体自动灭火系统的接口可以接收气体灭火系统的二次报警信息、故障信息、气体喷放信息及手动/自动状态信息,并在必要时控制气体灭火系统的防火阀。

⑨与电梯的接口可以控制垂直电梯完成火灾工况下的动作(例如迫降到地面层还是停留在最近一层,由当地消防部门决定),并获取垂直电梯的状态反馈。

二、日常管理

FAS 设备的日常管理工作主要是监视设备系统的控制状态,关注报警信息,处理日常故障。日常管理工作包括设备操作管理和维修管理。

(1)设备操作管理组织分为中央级和车站级。

①中央级设备操作管理是指控制中心设置消防系统中央调度(由环控调度兼任)对全线进行集中管理且具有最高指挥权。消防系统中央调度负责管理全线的消防设备(包括 FAS 设备)并监视全线的火灾报警。具体做法是通过视频监视系统直接确认火灾灾情,通过专用电话或无线调度电话通知车站消防值班人员现场确认火灾灾情,然后根据情况选择预定的处理方案并指挥车站开展救灾工作。同时通过直拨电话向消防局通报火灾灾情。

②车站级设备操作管理是指在每个站点设置消防控制中心,由消防值班人员对整个站点的 FAS 设备进行操作和管理。站长是消防主要责任人,值班站长及站务人员兼任消防值班员(车站外的其他建筑由保安人员兼任消防值班员)。消防值班员主要负责监视本站的火灾灾情,在火灾情况下组织本站救灾工作和乘客疏散,同时向控制中心及有关领导报告火灾灾情并执行其下达的救灾指令。同

时日常工作中对相关设备进行监护和巡视,确保设备状态正常,不被挪用或破坏。

(2)维修管理组织采用专业工程师加维修工班的形式。一般一条长20km左右的城市轨道交通线路的火灾自动报警系统和其他消防设备配备1名专业工程师,维修工班的人数则由车站数量、设备数量、维修周期和工作内容、维修值班点的设置等决定。

①专业工程师对维修工班起到技术支持作用,主要负责根据火灾自动报警系统的构成和运行状态制订相应的维修计划、材料计划和维修管理规定,督促维修工班完成维修计划并检查计划完成情况,制定维修规程等技术文件并定期对维修工班进行技术培训。

②维修工班则负责完成专业工程师制订的维修计划、故障维修、临时维修任务等,并做好相关记录。

三、故障处理

根据性质不同,FAS的故障可以分为严重故障和一般故障两大类,对于严重故障应立即进行紧急抢修,遵循"先通后复"的原则,在保证运营安全的情况下尽快恢复运营。如果抢修无法马上恢复系统的火灾监控功能,维修人员应立即通知车站值班站长加强车站的火灾巡视,直到系统恢复火灾监控功能。

FAS严重故障包括:系统的车站级监控功能全部丧失;车站大片区域失去火灾监视功能;系统车站级计算机和控制盘显示同时失效。一般故障包括:系统丧失中央级监控功能,但车站级功能完好;系统出现不影响回路监测功能的线路故障(例如搭铁故障);个别火灾探测器报故障,或个别模块损坏;消防电话故障;主机部分板卡故障,但不影响整体的监视和控制功能等。

FAS故障的原因主要包括系统自身的故障(如搭铁故障、软件故障、主机板卡故障、电源故障、回路故障和设备故障等),以及由系统监控对象(如防护卷帘门、防火阀等设备)故障而引起的系统功能异常。

对FAS自身的故障进行处理,可以利用系统计算机上显示相应的报警信息,根据报警信息找到故障点确定故障原因,并针对软硬件故障、线路故障等不同原因采取针对性处理措施。在故障恢复后,还应对相关参数和功能进行测试或抽查,所有结果均正常才能认定故障已处理完毕并填写故障记录。

对FAS监控对象引起的系统功能异常,应由负责监控对象的专业工程师负责维修，维修时若须火灾自动报警系统专业配合，火灾自动报警系统维修人员应积极予以配合协作。

第十节 自动售检票系统

一、概述

1. 发展过程

票务收入是公共交通运营的经济命脉，早期公交车的售票和检票主要采取人工的方式，而随着科学技术的发展，目前城市轨道交通系统的售检票则主要依靠自动售检票(Auto Fare Collection，简称AFC)系统。自动化技术的采纳不仅减小了工作人员的压力、提高了售检票的效率、提升了乘客进站速度，更重要的是根据AFC的信息，可以汇总轨道交通各车站的每日客流量和完整的客流动态信息，为轨道交通的运营、管理和决策提供大量的科学数据和依据。

我国早期城市轨道交通车站的AFC设备大部分技术来源于国外，近年来我国已进行了大量的开发研制工作，生产了多种形式的产品，技术工艺水平也在不断提高，现在我国城市轨道交通AFC系统已与城市一卡通接轨，实现城市甚至城市群间的一卡通通用功能。

对于乘客而言，AFC系统的作用似乎只有售票、检票及相关的票款扣除，仅关系到乘客的进站和出站，实际上AFC系统在后台还有其他功能。例如上面提到的统计客流量和客流动态信息；在不同轨道交通线路，甚至是轨道交通和公共汽电车之间进行票款清分；对整个系统的票务进行管理等功能。概括来说，AFC是基于计算机、通信、网络、自动控制等技术，实现轨道交通售检票、计费收费、客流统计、票款统计和清分、票务管理等过程的自动化系统。

目前AFC系统主要有三大系统：磁卡系统、接触式IC卡系统和非接触式IC卡系统，其中以非接触式IC卡系统应用范围为最广，在城市轨道交通的自动收费系统中有一定的代表性。因此，本章主要以非接触式IC卡AFC系统为例进行介绍和分析。

2. 系统构成

AFC系统的设备和子系统根据各自的功能、管理职能和所处的位置等可划分为6个层次，从下到上依次为车票、车站终端设备、车站计算机系统、线路中央计算机系统、清分系统、通信网络。各层次的基本要求和设备如下：

第一层车票。乘客持有的车费支付媒介，一般有储值卡和单程票两种不同类型。

第二层车站终端设备。安装在各车站站厅，直接为乘客提供售检票服务的设备。一般包括票房售票机（也称半自动售票机）、自动售票机、进出闸机、验票机和便携式验票机等设备。各设备独立运行，同时设备内配有独立的就地控制装置。在与系统的通信中断的情况下，现场AFC设备能独立运作，并保存一定时间范围内的设备运营数据，通过一定媒介将数据传送到车站计算机。

第三层车站计算机系统。主要功能是对车站终端设备进行状态监控，收集车站终端设备的运行数据并将数据传输到中央计算机。

第四层线路中央计算机系统。负责收集本线路AFC系统产生的交易数据，下达系统运营及控制参数，并对系统设备的运营状态进行监视和控制。同时将交易数据传送给城市轨道交通清分系统，并与其对账。

第五层清分系统。负责统计轨道交通系统内部的各种运行参数，获取各线路中央计算机系统输出的AFC系统交易数据，并进行数据清分和对账；同时也可以连接城市轨道交通AFC系统和城市一卡通的清分系统，在不同公共交通模式之间进行票务清分。

第六层通信网络。AFC系统各层次之间需要传递系统交易数据和设备状态。其中车站计算机系统和车站终端之间通过AFC系统自身的网络连接，中央计算机系统和车站计算机系统之间则通过通信系统的传输子系统以点对点的方式连接。

二、日常管理

1. 日常使用

在城市轨道交通系统正常的情况下，AFC系统可以针对车站的每类设备设置开启和关闭的时间，并且可根据车站运作需要，通过车站计算机临时关闭一些设备。此时AFC系统的运行模式主要针对单个设备，有正常服务模式、暂停服务模式、关闭模式、离线运行模式和测试模式等。

在车站出现突发客流、火灾、部分车站封锁等情况，或列车出现晚点、运行中断等情况时，可以将该车站的AFC系统设为以下几种降级模式的一种或几种的组合,以满足客运组织的需求,这些降级模式包括:列车故障模式、进出站免检模式、时间免检模式、超程免检模式、紧急运行模式。

2. 运用维护管理

(1)管理人员。

AFC设备的日常管理相关人员主要有票务管理人员和维修人员两大类,按工作地点又可分为中央级与车站级两级。具体包括中央系统维修人员、制票人员、票务审查及核对人员、车站督导员、车站售票员、车站维修人员等。其中前三类人员属于中央级日常管理人员,其余人员属于车站级日常管理人员;除了第一类和最后一类人员是维修人员外,其余均是票务管理人员。

中央系统维修人员负责中央计算机系统各种设备的日常管理及维护维修;制票人员利用编码/分拣机对车票进行编码、赋值、分拣、注销等操作;票务审查及核对人员利用中央计算机系统的各个功能工作站进行票务收益的审查及核对工作;车站督导员及售票员负责车站设备的日常使用及管理;车站维修人员负责车站设备的维护维修,确保车站设备的正常使用。

(2)维修机构。

AFC系统的维修管理采用专业工程师加工班的模式,通常包括生产技术组、AFC轮值、中央计算机组、车站巡检工班和综合维修工班等机构。

①生产技术组主要负责根据AFC设备构成和运行情况制订维修作业计划及相关操作规程和手册。

②AFC轮值负责AFC系统的维修调度,保证维修工作有序且高效地进行。

③中央计算机组负责中央计算机系统设备的巡视、维修及维护工作。可以采用4人2班交替运作的形式。

④车站巡检工班负责车站AFC设备的巡检和维护维修,应根据轨道交通线路的地理位置分多个巡检工班(例如一条长约20km的线路可以设两个巡检工班,各负责一半车站的AFC设备巡检)。

⑤综合维修工班负责综合维修工作(即设备零部件的大修),该工作需要在维修工厂进行。主要是对在车站由于发生故障被替换下来的电源、电路板等零部件进行维修,对维修人员的技能要求较高。综合维修工班按照专业技术不同又可分为机械维修组、电气维修组、质量控制组和综合组等。

三、故障处理

1. 故障处理的原则

AFC 系统发生故障后，AFC 调度和有关人员应首先判断故障的性质和影响范围，对影响大的重要设备故障应立即将故障设备隔离，并尽快采取措施实施抢修，以减小损失及对正常运营的影响；对一般故障也应尽量快捷地处理，一般在故障发生的运营日内进行处理，而不拖延到下一运营日，以减小对运营的影响并提高设备利用率。

专业技术人员应对管辖范围内的 AFC 系统故障进行综合分析，统计设备常见、易发故障，总结经验教训，提出防范措施，提高维修水平，力求减少重复故障的发生率。

2. 常见故障与处理

（1）AFC 系统的常见故障包括单程票卡在闸机内部、闸机系统不断重启、自动售票机的触摸屏故障、半自动售票机不能查询车票历史交易、编码分拣机故障（比如某个模块通信错误，或操作单程票时进票口有卡票现象）等。

（2）AFC 系统的故障分为硬件故障和软件故障，各种故障的处理方法不同。

①硬件故障。若是闸机卡票等原因明确的故障，可直接拆开机器进行修理；若是自动售票机触摸屏不动作故障，则可以利用系统自带的维护模式、电源信号灯、万用表和测试软件等辅助工具或手段，对可能的故障部件和原因进行逐一排查，在确定故障部件和原因后予以修理或更换。

②软件故障。可能的故障原因包括配置错误、网络连接故障、数据库故障等。对配置错误可以修正配置文件，网络连接故障和数据库故障则需要修复网络或数据库的连接。故障处理之后应重新启动机器并进行端口测试，确认故障是否排除。

第十一节 站 台 门

一、概述

1. 作用和分类

站台门最早又叫屏蔽门或者安全门，在《地铁设计规范》（GB 50157—2013）中将名称规范为"站台门"，以下统一用"站台门"。早期城市轨道交通系统的车站站台边缘并没有安装站台门,乘客候车区域与通行列车的轨道区间之间没有隔断,有人员跌落轨道的危险隐患。为了避免这一问题,轨道交通开始在车站站台边缘安装站台门,平时将候车乘客与轨行区域隔开,当列车进站时站台门配合列车车门动作打开或关闭滑动门,为乘客提供上下列车的通道。站台门一般包括全封闭站台门、全高站台门和半高站台门。

全封闭站台门门体完全将站台与轨行区隔离,达到屏蔽人员及空气流通的目的,可以有效地减少车站冷量的散失,节能效果比较明显;全高站台门的门顶箱与站台顶端结构未完全封死,一般门体高度在 2.5m 左右;半高站台门系统一般用在地面车站,门体高度在 1.5m 左右。

2. 特点

一般来说,站台门系统从功能上主要有以下几个优点:

(1) 安全,防止乘客误闯轨道区或跳下站台发生意外。

(2) 节能,保持站台温度,减少列车产生的活塞风对车站冷负荷的影响。

(3) 降噪,降低列车进出站时的噪声,改善站台公共区乘车环境。

(4) 节省环境调节和相关费用。隔离了列车运行时所产生的噪声、活塞风,保证了站内乘客良好的候车环境,而且由于环控设备(主要是空调)容量及数量的减少,也带来了土建工程量等投资建设成本的削减。

3. 系统构成

站台门系统从物理构成上来说,由门体、门机、控制系统和电源等组成。

门体主要包括滑动门、固定门、应急门、端门和顶箱等。滑动门是正常运行时供乘客上下列车的通道;固定门将站台与轨道隔离开不能滑动;应急门可在列车进站无法停靠在允许的误差范围位置时,供列车上乘客应急疏散到站台;端门为车站工作人员通道,可在轨道侧推动端门推杆锁的解锁装置或由站台工作人员在站侧用专用钥匙打开;顶箱设在站台门顶端,用于安装门机部件和导向指引。

门机是站台门的动力单元,由门控单元(Door Control Unit,简称 DCU)、电动机等组成,并由控制系统控制,电源系统供电。站台门控制系统主要由中央接口盘(Platform Supervisions Central Interface Panel,简称 PSC)、就地控制盘(Platform Supervisions Local Control Panel,简称 PSL)、远程监视设备(Platform Supervisions Local Alarm Panel,简称 PSA)、门控单元、通信介质及通信接口等设备组成。

4. 安全防护

站台门设计有一系列的安全功能和设施，主要包括以下几点：

(1) 防夹装置。

为防止夹伤乘客或夹人夹物动车，站台门通常有障碍物检测功能，即滑动门关闭时如果检测到障碍物，即打开一定空间并作短暂停止以释放夹到的障碍物，然后再关闭。有的系统还会通过加装站台门防夹装置，利用红外线探测是否有物体卡在车门和站台门之间或者减小站台门和列车门之间的空隙等方式，防止发生夹人夹物动车的事故。

(2) 防踏空胶条。

当列车停稳在站台，站台门与列车门体的间隙超过一定范围时，为防止乘客上、下车时卡在间隙里，需要设置防踏空胶条。需要注意的是，防夹装置与防踏空胶条等都不应侵界，否则将影响列车的正常出入站。

(3) 应急疏散。

站台门系统在站台设有应急门，应急门在正常状态下不开启，但在列车进站却无法停靠在允许的误差范围位置时，会有一道列车门对应应急门，此时若需要由应急门紧急疏散，乘客可以在列车上打开与应急门相对应的列车门后推动应急门的解锁装置，或由站台工作人员在站台侧用专用钥匙打开应急门进行紧急疏散。应急门在使用后必须确保关闭与锁紧。

(4) 门单元不能关闭时的安全措施。

在站台门的某个门单元出现无法关闭的故障时，列车进站或离站都有可能产生乘客伤亡事件，所以，在这种情况下列车不能进站或离站，这是通过站台门系统与信号的联锁实现的。站台门系统不发送"全部门关闭并锁紧"信号给信号系统，信号系统就不运行列车进站或离站。如果故障不能很快排除，为了不影响行车可以通过 PSL 上的开关，人为产生"全部门关闭与锁紧"的信号以便发车。但此时站台工作人员必须在站台门防止乘客进入轨行区或位于站台门门体与车体之间，避免乘客伤亡事故。

二、日常管理

1. 维护检修分类

站台门检修主要包括维护作业、日常维修作业、故障应急处理和临时性专项检修。

（1）维护作业指在站台门交付使用后,为保证站台门正常及安全的运行,而按计划进行的一种主动的预防性维修,作业内容较巡视深入。一般是根据站台门系统设备的构成、运行和使用特点等因素,周期性地纠正系统各设备运行后可能积累的误差和磨损,或对达到使用寿命零部件进行更换,调整设备达到良好的运行状态。

（2）日常维修作业是指设备日常运行期间发生故障时,专业维修人员接报之后进行的抢修工作。

（3）故障应急处理指设备发生故障时,为不造成更大范围影响,由车站工作人员依照"先通后复"原则及有关规则暂作技术处理,并按手续报专业维修人员处理的工作。

（4）临时性专项检修发现有影响站台门安全运行的异常现象后,针对有关项目进行的专项检查与修理。

2. 站台门修程

站台门修程一般包括日检、半月检（维护）、月检（二次维护）、小修、中修和大修,检修过程中包含维护工作。检修周期分别对应为每日、15 日、30 日、3 个月、6 个月和 12 个月。当站台门工作技术条件不满足相关规定或对于新安装运行的系统应适当缩短小修周期。修程和周期对应表见表 6-6。

修程和周期对应表　　　　　　表6-6

修　程	周　期
日常巡检	每日
半月检（维护）	15 天
月检（二级维护）	30 天
小修	3 个月
中修	6 个月
大修	12 个月

站台门日检、半月检（维护）、月检（二次维护）、小修、中修和大修各修程主要检修内容见表 6-7。

站台门检修表　　　　　　　　　　　　　　表 6-7

修　程		检修主要工作内容
日常巡检	设备房	检查设备房门、锁
		检查设备房通风
		检查设备房内温度、湿度
		检查设备房安全标志标识
		检查设备房漏水
	电源	检查电源柜体
		检查电源柜体通风散热
		检查电源柜(驱动、控制)
		检查电源柜(驱动、控制)电压、电流
		检查整流、逆变模块运行
		检查蓄电池外观、温升
	控制系统	检查 PSC 柜体
		检查 PSC 柜体通风散热
		检查单元控制器(PEDC)工作状态
		检查 PSL 外观、安装
	门体	检查站台门开、关运行
		检查门体玻璃
	门机	检查门状态指示灯
		检查蜂鸣器声音
半月检(维护)	同日常巡检全部项目	—
	电源	清洁电源柜
		检查电源柜元器件外观、温升
	控制系统	清洁 PSC、PSL
		检查电缆桥架
		检查 PSC、PSL 元器件外观、温升
	门体	清洁滑动门门槛、导槽
		检查前盖板、盖板锁、支撑杆
	门机	检查门头
		清洁门机导轨

续上表

修　程		检修主要工作内容
月检(二级维护)	同半月检(维护)全部项目	—
	设备房	清洁设备房
		检查与低压配电箱、等电位箱的接线
	电源	检查电源柜元器件连接及固定情况
		检查电源柜状态灯
	控制系统	检查 PSC、PSL、综合后备盘(IBP)元器件连接及固定情况
		检查 PSC、PSL、IBP 状态灯
		检查维护管理系统(MMS)记录数据
		检查 PSC 与 PSL 接口连线、联动功能
	门体	检查滑动门、应急门、端门运行及固定
		检查滑动门、应急门、端门手动解锁及钥匙开门功能
		检查门体毛刷
	门机	检查电机及联轴器
		检查丝杠
		检查滑动门、应急门、端门锁紧检测开关功能
		检查门机支撑装置
		检查门机线缆
		检查门机元器件外观、温升
		检查 DCU 工作状态
		检查滑动门障碍物检测功能
小修	同月检(二级维护)全部项目	—
	设备房	检查设备房到门机电缆、电缆桥架外观、温升、连接、固定
	控制系统	检查 PSC 与信号系统(SIG)接口连线、联动功能
		检查 PSC 与 SIG 接口连线、状态响应、信息记录
	门体	检查橡胶减振垫
		检查门体橡胶条
		检查滑动门、应急门、端门门锁
	门机	检查滑动门滚轮外观、转动
		检查门机元器件连接及固定情况
		检查手动解锁装置

续上表

修　程		检修主要工作内容
中修	同小修全部项目	—
	电源	对电源柜蓄电池进行充、放电
		检查电源柜接线端口
	门体	检查滑动门运行力
		检查接轨地线连接及固定情况
	门机	检查丝杠润滑油状态
		检查门锁性能
		检查碳刷组件磨损、变形、固定
		检查滑动门导片
		检查门机接线
		按规范程序进行绝缘测试
大修	同中修全部项目	—
	门体	检查门槛、门体、门体玻璃、门胶、门头及上、下支撑机构
		检查门槛基座绝缘
	门机	检查电机、联轴器、丝杠
		检测 DCU 功能

三、故障处理

1. 故障处理原则

站台门系统的故障可能影响正常行车作业,故障处理时,应按先通后复的原则,依照行车规则进行故障处理。工作人员应做好现场安全防护、障碍物清除、隔离阻碍进站或发车的门单元、站台门监控盘故障复位操作及设备的其他技术操作。所有维修作业都应保证运营安全,包括行车安全、乘客安全和工作人员安全,并且对于需要在轨行区进行的抢修作业和可能侵入轨道的抢修作业,必须在列车中断运营或非运营时间进行。

2. 常见故障与处理

站台门的常见故障现象主要包括:门单元不能完成开门动作;门单元不能完成关门动作;"全部门关闭并锁紧"信号丢失,信号系统限制列车发车;障碍物阻止滑动门关闭,产生提示报警,信号系统限制列车发车;门单元玻璃门板自爆或破裂；电源不能正常供电；站台门的系统级或站台级控制不能实现。

站台门故障的应急处理措施包括：人工推门关闭、隔离故障门单元、降级使用站台级控制（即司机操作站台操作盘）、使用站台门钥匙人工打开或关闭站台门等。在应急处理时应加强监控及安全防护，确保运营安全。

站台门的故障处理中，对于站台门动作或控制故障（例如整侧门系统级控制故障），应首先根据故障现象列出可能的引起故障的原因（如供电中断、驱动电源故障、控制电源故障、信号系统故障、门主控制器故障、配电和控制线路故障、连线或回路故障等），逐一排查故障原因并采取针对性的处理措施（如维修或更换故障部件、重新启动系统、修复故障回路等）。故障处理完毕后，维修人员应在测试模式下测试数次开关门动作，再投入正常运行。

而对于电源不能正常供电这类原因明确的故障，为不影响列车运营，可先采取降级处理措施并及时组织抢修工作，尽快恢复站台门系统的正常运作。

第十二节 电梯与自动扶梯

一、概述

城市轨道交通每天输送大量客流，需要及时将抵达目的车站的乘客疏导出站，避免人群滞留在车站内引起混乱。自动扶梯对及时疏散客流起着至关重要的作用，此外它也使得乘客出入车站更加方便省力。如果站台站厅或站厅地面层之间同时有多部自动扶梯工作，则可以满足乘客进出站需求；但如果仅有一部自动扶梯，则需要设置该扶梯的运转方向为出站方向，以便及时疏散客流。

对于残障人群、携带大件行李的乘客和其他行动不便的人士而言，他们不方便使用步行楼梯和自动扶梯，而电梯的设置就满足了他们的出行需求。楼梯升降机则解决了在车站内未安装电梯的情况下坐轮椅乘客的行动不便问题。

1. 电梯

城市轨道交通系统的电梯主要是在站台层、站厅层和地面层之间垂直运送乘客，以满足行动不便乘客的需要。

电梯主要由导靴、制动器、轿厢、对重、补偿装置、电气系统、指示呼叫系统和安全装置构成。固定在轿厢上的导靴可以沿着安装在建筑物井道墙体上的固定导轨往复升降运用,防止轿厢在运行中偏斜或摆动。制动器在电动机工作时松闸使电梯运转,在失电情况下制动使轿厢停止升降,并在指定层上维持其静止状态供人员和货物出入。轿厢是运载乘客或其他载荷的厢体部件。对重用来平衡轿厢载荷、减少电动机功率。补偿装置用来补偿曳引绳运动中的张力和质量变化,使曳引电动机负载稳定,轿厢得以准确停靠。电气系统实现对电梯运动的控制,同时完成选层、平层、测速、照明工作。指示呼叫系统随时显示轿厢的运动方向和所在楼层位置。安全装置确保电梯运行安全。

2. 自动扶梯

自动扶梯是带有循环运动梯路向上或向下倾斜输送乘客的固定电力驱动设备,按驱动装置位置可分为端部驱动自动扶梯与中间驱动自动扶梯,一般自动扶梯的倾斜角度为27.3°、30°和35°。

自动扶梯主要由桁架、梯级、裙板、扶栏、驱动链、梯级链、减速机、电动机、主驱动轴、梯级链张紧装置、导轨、扶手带驱动装置、扶手带、梳齿板、控制系统和安全装置等组成。其中安全装置包括驱动链断链开关、梯级下陷开关、梯级运行开关、梯级链张紧装置、梳齿板开关、裙板开关、扶手带断带开关、超速开关、扶手带入口开关、制动器开关、断相错相保护装置、扶手带速度监控装置、地板安全开关、防逆转装置,这些安全装置将在自动扶梯出现对应的异常情况时,使扶梯停止运行或不能启动,以保护人员安全。

二、日常管理

电梯是属于危险性高的特种设备之一,其运行状态的优劣将直接关系到广大乘客的生命安全。因此,为了保证电梯的安全运行,防止事故的发生,充分发挥设备的效率,延长使用寿命,需要周期性地对设备进行维修,使设备处于良好的状态。

维修作业分为故障急修和定期维修两种,当设备发生故障停止运行时,需立即组织专业人员对设备进行急修,使设备尽快恢复正常。为避免影响城市轨道交通乘客服务质量,定期维修作业通常安排在非运营时间进行。

电梯、自动扶梯修理主要包括日检(巡视)、半月检、月检、季检、半年检(小修)、年检(中修),并在各周期检查中进行维护工作,同时,在半年检、年检过程中进行小修、中修工作。一般地,对新装的电梯在运行1年以上、2年以内的均应进行中修;而运行3~5年以上的,则应进行大修。中修、大修的运行期限规定不是绝对的,它还受到允许的每小时启动次数,交通繁忙情况,使用环境条件等因素的影响。表6-8是电扶梯部分修程频率示例。

电扶梯部分修程频率示例 表6-8

电扶梯利用率	小修(月)	中修(月)	大修(月)
频繁	4	12	24
一般	6	12	36
不常用	6	18	48

日检(巡视)以及时发现系统设备运行异常为目的,并在安全和不影响正常运营的情况下及时组织对设备进行检查,确保设备正常运行。

半月检、月检、季检按指定的规程及修程计划分级对电梯安全装置、主机油位和各部分润滑情况进行检查,并进行加油补油。对整个设备各部分进行清洁工作,对电气控制系统、主要机构和设备动作的正确性和可靠性进行检查,并进行必要的修正和润滑。

小修对电梯重要机械部件和电气设备进行较详细的检查、调整和修正,并进行技术检验,基本上不拆卸复杂部分,小修的内容以能保证设备正常运转到下一次计划检修为标准。

中修结合技术检验,详细检查机械、电气与安全设备的工作情况和主要零部件的磨损程度,并对磨损量超过允许值的、损坏的零部件进行修配换装。

大修对电梯进行全面彻底检查,结合检修记录,对整机进行全面拆卸、清洗,并进行详细、全面的检查,对整机进行全面检修和调整。凡不符合要求的零部件一律拆换,大修之后的电梯基本达到新安装电梯的标准。

三、故障处理

在运营期间对故障的处理要求"先修复后分析"。当维修人员接到故障报告后应在规定时间内赶到现场并进行故障处理,必要时技术人员应予以指导。故障处理完毕后由维修人员回报维修调度消除故障号并填写故障处理记录,针对重大故障,还应组织相关人员进行故障分析。

电梯和自动扶梯抢修组织流程为:

电梯、自动扶梯故障发生后,由维修调度判断是否为重大故障,是否需要立即进行抢修;若为系统设备一般故障,在故障接报后,由工班长根据实际情况及当日的排班情况,派遣维修人员进行故障排除。若为重大故障,维修调度通知上级调度进行抢修组织,组织电梯、自动扶梯故障点就近维修人员第一时间赶赴事故现场。同时通知维修工班长、专业工程师参加抢修。

首先到场的专业维修人员应向控制中心维修调度员申请进行抢险作业。原则上系统专业工程师或工班长为现场抢修负责人,抢修人员必须服从现场总指挥的命令。抢险作业完成后,由现场抢修负责人报告抢修情况,同时向维修调度报告抢修结束。

第十三节　给排水系统

一、概述

城市轨道交通在车站和车辆段内均设有给排水系统,由给水系统和排水系统两部分组成。

给水系统的作用是满足轨道交通的各种用水需要,例如工作人员需要饮用水等生活用水、空调系统的冷却循环给水系统需要补水、车站内站厅站台等公共区清扫需要用水、公用厕所需要用水、消防灭火也需要用水。给水系统满足上述用水需要,按照用水类型可细分为生活给水系统、生产给水系统和消防给水系统。

除了用水需求,轨道交通系统还需要排出内部产生的各种污水、废水和雨水,可以说畅通的排水是轨道交通安全运营的重要保障之一。轨道交通的排水系统包括污水系统、废水系统和雨水系统,采用分流制排水方式,各系统分开排放。并且对于污水和废水需要定期监测,保证排水水质符合有关排放标准。

1. 给水系统

给水系统主要采用城市自来水作为供水水源,在车站两端的风亭处,分别用两条进水管将城市自来水引进车站,两条引入管互为备用,进站前设置水表和水表井。生产、生活和消防采用分开的直接给水方式,由城市自来水引入水管接出生产、生活及消防水管。给水系统需要满足各类用水的水量、水质和水压的要求。

一般对于地下车站而言，市政供水压力满足用水要求，无须设置用水加压泵，而地面及高架车站则需核算市政供水压力，在不能满足给水系统用水压力要求（尤其是消防给水系统要求）的车站应设变频泵等增压设施。

给水系统中的消防给水系统的水源是否设消防水池应遵照当地有关部门规定，在不设消防水池的情况下须从城市自来水干管引入二路进水，确保当其中一路供水发生故障时，另一路供水能满足全部消防用水量。消防给水系统除了供水管网外，还应配有消火栓箱、自动喷水灭火系统和灭火器等消防器材。

消火栓给水贯穿整个线路，包括车站及其两端的区间。车站内消火栓箱的设置应保证车站范围内任意点均有不少于两股充实水柱可同时到达；在区间隧道不设消火栓箱、水龙带及水枪，而是每隔一定距离设一个单口消火栓，水龙带储存在邻近车站端部的专用消防箱内。

自动喷水灭火系统一般设在地下车站的站厅、站台层公共区域，长距离的出入口通道等区域。相比其他灭火方式而言，自动喷水灭火系统具有很高的灭火、控火率，能够及时扑灭初期火灾并具有报警功能，而且不污染环境。

灭火器配置的数量和位置则应遵循现行的《建筑灭火器配置设计规范》（GB 50140—2005）的规定，且地下车站火灾危险等级为严重危险级。

2. 排水系统

轨道交通的排水系统采用分流制方式，将污水、废水和雨水分开排放。其中污水包括厕所、盥洗室、茶水间冲洗水等，废水则包括隧道结构渗水、隧道凝结水、站厅站台地面冲洗水、环控机房和各类排水泵房洗涤废水及消防废水等。

轨道交通系统内的污水、废水分别经过汇集和处理，排水水质符合有关排放标准后可就近分开排入市政下水道或者江河湖泊，而雨水则无须处理，汇集后可直接就近排入市政下水道或者江河湖泊。

为保证运营安全，区间内排水泵房及洞口雨水泵房除控制系统外，一般设置最高警戒水位的自动报警装置，以便在自动启动失灵时及时报警到附近车站的防灾控制室。

二、日常管理

给排水系统的日常管理主要包括日常操作管理、维修管理、运行档案管理3个方面。

1. 日常操作管理

运营单位根据给排水系统的特点设置巡检组、制订巡检计划和制度，并填写各类巡检的表格。日常巡检主要包括区间及车站排水压力井、化粪池、消防结合器、消防地栓、潜水泵（雨水泵、污水泵、废水泵、集水泵）、消防箱、气压供水设备、污水处理设备、水喷淋灭火系统、车辆段各系统。

2. 维修管理

运营单位应根据系统的现状、维修周期、技术条件和故障情况制订维修计划。

维护分为两类：日常维护和二级维护。日常维护是按照使用说明和维护规程对消防地栓、潜水泵（雨水泵、污水泵、废水泵、集水泵）、消防箱、气压供水设备、污水处理设备、水喷淋灭火系统等部件进行设备投用前或使用后的检查。二级维护由维修人员按照维修说明书和维护规程对以上设备作定期检查、局部解体、清理或更换标准零配件、加注或更换润滑油等，二级维护主要在现场进行，巡检、操作人员做必要的配合。

检修分为两类：小修和中修。小修是由维修人员在现场或专门维修场所按照维修手册和维修规程对曾发生过的故障进行结构性分析诊断，更换或修复少量的零部件或组件，以及全面调整或调校等工作。中修是由专业维修人员带领维修队伍在现场对结构和系统进行全面检查和调整，需要更换和修复设备的主要零部件和磨损件。

3. 运行档案管理

运行档案分为竣工资料、设备档案、维修记录和故障记录。

（1）竣工资料包括各专业设计图纸、设计变更通知，供货商提供的设备图纸和使用说明书。通常将常用的图纸和资料的复印件存在生产部门以便查阅。

（2）设备档案包括变频水泵、过滤器、潜水泵、污水处理设备、废水处理、消防箱、气压供水设备，水喷淋灭火系统设备等各设备安装说明、操作手册、维修手册、调试记录、系统设备的原始数据等。

（3）维修记录包括各巡检工班、维修工班根据各修程的计划维修、非计划维修和抢修的作业情况填写的各类原始文档。维修记录经收集保存后将做成标准的电子文档，以便于保存查阅和分析。

（4）故障记录是对给排水系统所发生的各种故障的处理情况记录，包含故障发生的日期、故障描述、处理过程、跟踪结果等内容。故障记录经收集保存后将做成标准的电子文档，以便于保存查阅和跟踪分析。

专业技术人员对上述各项记录进行定期和不定期检查，整理及更新，每季度至少检查一次保证各项记录的完整和清晰。

三、故障处理

给排水系统发生故障往往会影响到城市轨道交通正常的运营，其中绝大多数是因为水泵故障引起的。水泵会发生的故障主要包括：堵塞、流量不足、不出水、运行不正常、噪声振动异常、绝缘电阻偏低、电流过大、无法自动停止或启动等问题。

1. 潜水排污泵的堵塞

潜水泵堵塞主要发生在水泵吸水口和叶轮这两个部位。吸水口处堵塞主要是由于有较大粒径的物体（比如编织袋、饮料盒等）被吸附在进水口处，使水泵空转造成的堵塞。叶轮处堵塞主要是一些丝状物缠绕轮，导致叶轮转速降低或不转。

如发现潜水泵叶轮堵塞后，应采取以下措施：

(1) 首先拉下控制箱内空气开关；

(2) 用手动起重机械（手动葫芦）将水泵提起；

(3) 用六角螺栓将水泵底座打开，用钢筋和钳子将垃圾清理干净；

(4) 将水泵底座装好，用葫芦将水泵放下；

(5) 将空气开关闭合，确认水泵可以正常运行后清理现场并报告控制中心和生产调度。

防范的方法有两点。一是严抓管理，造成水泵堵塞的物品大多是施工阶段产生的建筑垃圾，运营期间乱丢乱弃的垃圾以及个人废弃物。施工人员和工作人员应严格做到施工完清场、不随意乱扔垃圾。二是优化设计，在污水池的入口处设计安装不锈钢格网，通过这一措施可以将物品阻隔在泵池以外，避免水泵堵塞。

2. 水泵不出水

可能引发水泵不出水的原因主要有泵反转、阀门打开方式或角度不够、管道或叶轮堵塞、出水管泄漏、耐磨环磨损和耦合挂件断裂等问题。

在发现水泵不出水后,应立即通报车站或生产调度,由生产调度指挥当班维修人员赶到指定地点,需要进入区间泵房作业的,由车站向行车调度员请点进入区间。分析原因并按照规定处理方法处理;各项故障原因及处理方法见表6-9。

水泵不出水原因分析及处理方法　　　　　　　　　　　表6-9

故障现象	故障原因	处理方法
水泵流量不足或不出水	泵反转	关掉电源,调换任意二相电源线
	阀门未打开或打开角度不够	检查并打开阀门
	管道、叶轮堵塞	清理管道或叶轮的堵塞物
	出水管泄漏	找出泄漏并校正
	耐磨环磨损	更换
	耦合挂件断裂	更换

第七章　土建设施管理

伴随着我国城市轨道交通从无到有,土建设施管理在经历了既有线维护总结经验,到新线建设移交重点把关的发展过程后,逐渐认识到在工作中较常见的各种病害,而这些发生在城市轨道交通线路上的病害有着与其他工程不同的病害特征及起因,也有着针对性的整治方法。本章将从土建设施的典型问题入手,归纳不同类型的土建设施的管理要求,梳理现行的土建设施维护制度和技术依据,并对线路、车站、桥隧以及车辆基地等土建设施的主要维护作业进行介绍。

第一节　管理范围

一、系统构成

土建设施投资在城市轨道交通投资中约占40%,是整个投资中比例最大、建设年限最长、运营周期最久的部分,也是支撑运营管理工作的基石。加强对这一庞大系统的管理,首先要将管理范围界定清晰。

城市轨道交通土建设施应包括轨道线路、桥梁、区间隧道(图7-1)和路基、车站、车辆基地及线路附属设施等部分。各部分主要包括的系统或部件有:

(1) 轨道线路包括钢轨、轨枕、扣件、道床、路基及加强设备、道岔、接触轨系统、感应板系统、防爬设备、道口及其他附属设备等。

图7-1　地铁区间隧道

(2) 桥梁和区间隧道包括洞体结构、梁、墩台、支座、栏杆、步行道、声屏障等。

(3) 车站包括站厅、站台及附属用房、出入口、风道、风亭等设施。

(4) 车辆基地及线路附属设施主要包括车辆段、停车场、变电站、标识等,具体有停车列检库、洗车库、架修库、定修库、月修库及其他生产辅助用房等。

二、管理内容

（1）从管理目标上来看，土建设施管理包括设施设备运行与维护两部分内容，主要工作目标是保障运营安全和服务质量，即根据预先制订的计划，按照工务安全管理制度，通过检查检测、维护、修理等手段，用合理的维修成本使设施设备达到规定的技术要求，保证良好状态持续运行。

（2）从管理周期来看，运营单位应根据行业管理有关规定和企业经营目标要求，制订全寿命周期的土建设施管理计划，指导本单位的维护工作。全寿命周期即按照企业生产经营策略，运用技术、经济和组织措施，对设施从规划、勘察、设计、建造、使用、养护、修理、改造、更新直至报废的整个寿命周期进行全过程的管理，包括提出需求、设定技术要求、制定运用规章和计划、确定修规修程、发布更新改造条件和标准等各项工作。

（3）从管理主体来看，当只有一两条线路运营时，可由一个设备维修部直接承担维护工作，内部设置工建车间、技术室、综合室以及设备维修车间。工建车间负责轨道、桥梁和隧道等设施的维护和修理工作；技术室组织制定所管辖设施的维修规程、质量、技术标准和作业程序，优化所管辖设施维修组织管理；综合室负责维修工程行政文件及后勤管理工作，负责全面预算、材料采购、工程管理、培训等系列工作。线路成网后，宜建立集中式的综合运营维修基地或设置以车站为基地的区域化维修组织管理。综合运营维修基地主要负责多条线设备的离线维修，以专业维修为主，包括部件大修、中修、完善性维修、专业维护、专业检查检测等工作。

第二节　线　路　管　理

一、管理范围和技术要求

1. 钢轨与联结零件

轨道主体结构如图 7-2 所示，其中钢轨是轨道的主要组成部件，它的功能是引导车辆的车轮前进，承受车轮的压力，并传递到轨下结构。因此要求钢轨能为车轮提供可连续、平顺地滚动的轨面。为发挥上述功能,既要求轨面粗糙,以增加轮轨黏着力,又要求轨面光滑,以减少阻力;既要求有足够的强度和硬度,以抵抗磨耗延长使用寿命,又要求有一定的塑性和韧性,以防脆性碎裂和折断。钢轨的联结零件形式主要有普通接头、冻结接头、异形接头、绝缘接头、胶结接头,其部件包括夹板、螺栓、弹簧垫圈及螺母等。

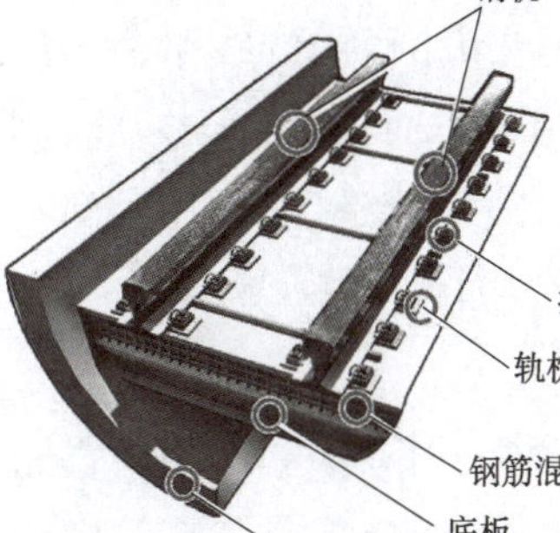

2. 轨道扣件

扣件要求具有足够的强度、耐久性和一定的弹性,能长期有效地保持钢轨与轨枕的可靠联结,阻止钢轨相对于轨枕移动。此外,还要构造简单,便于安装及拆卸。

图 7-2 轨道主体结构剖面图

3. 轨枕

轨枕承受来自钢轨的各向压力,并弹性地传布于道床,同时有效地保持轨道的几何形位。轨枕应具有必要的坚固性、弹性和耐久性,还要造价低廉,制作简单,铺设及维护便易。轨枕的种类有木枕、混凝土枕两大类,在整体道床线路上,根据其特点,分别采用短木枕、混凝土短枕及混凝土支撑块。

4. 道床

道床铺设于路基之上、轨枕之下,将列车的荷载均匀分布到路基上。道床有碎石道床和整体道床两大类型。

5. 路基及加强设备

路基是路基基本体、路基防护和加固工程、路基排水工程的统称。路基承受由轨道传来的列车动荷载,是轨道的基础。路基的稳定性与坚固性关系着线路的质量和列车的运行安全。城市轨道交通线路的路基较少,线路结构大部分采用地下隧道和高架桥梁的形式,只有极少地段的碎石道床线路和站场线路采用了土路基,土路基的结构基本按照国家标准设计。轨道加强设备主要有轨距拉杆、防爬器、防爬撑、车挡以及新型防脱轨护轨。

6. 轨道的几何形位

车辆轮对在轨道上运行,车辆运行的平稳和轮轨设备的使用寿命与轨道良好的几何形位有着密切的关系,维护人员工作重点内容之一就是不断检查、调整、改善轨道的几何形位,以满足运营要求。

7. 曲线轨道

在城市市区内的线路,一方面,由于线路规划的走势,决定了要经常改变其方向;另一方面,遇到地形、地物和重大建筑时,必须绕避障碍,于是便形成了曲线。其实,不管是什么线路,都不可能永远是直线,凡是需要改变方向的地方就必须设置曲线。

8. 道岔

道岔是引导车辆由一条线路转往另一条线路的过渡设备,道岔是铁路轨道结构的重要组成部分。它的构造复杂,维护困难,是工务、供电、运营多专业和多部门管理的结合部,又是行车事故的多发处所。所以道岔是行车安全的关键设备。为了保证行车安全和列车畅通,线路维护工作者均应始终把道岔维护工作作为重中之重。

9. 无缝线路

无缝线路是一种新型的轨道结构形式。由于钢轨接头是线路的薄弱环节,列车通过时,车轮对接缝处轨端发生巨大的冲击振动,不仅影响行车平稳和乘客的舒适,还加剧轨道设备的破损,接头病害一直被认为是轨道的主要病害之一。无缝钢轨由于在相当长的范围内消灭了钢轨接头,因此具有行车平稳、旅客舒适等优点,还具有减少接头维修、延长线路设备和车轮使用寿命等优点。

二、常见问题及危害

随着新建线路技术标准的全面提升,车辆轴重、旅行速度都有较为显著的增长。在线路管理中较为常见的病害有钢轨波磨、线路不均匀沉降、主体结构漏水、挤岔等问题。

现阶段基于无线通信的列车自动控制系统(Communication Based Train Control System,简称CBTC)大范围投用,其故障导向安全的设计原则往往产生了列车紧急制动以保证运行安全的情形。这些因素都使得钢轨承受的压力增大,导致钢轨波磨成为常见的钢轨病害(图7-3)。波浪形磨耗(简称波磨)是钢轨磨耗的主要形式之一,是指钢轨顶面出现的波浪状不均匀磨耗,实质是波浪形压溃。尤其在小半径曲线地段,波磨出现的概率更高。例如,某市的三条地铁线路在开通试运营初期(3个月至1年)异常波磨路段分别为59处、30处、20处,分别占线路总曲线数量的35%、30.3%和19.8%。

钢轨波磨带来的危害主要有以下几种：一是造成轨道和车辆相关部件损伤，增加维修费用。例如会出现轨道扣件松动、轨枕空吊、胶垫损坏、道钉和轨距杆大量折断以及道床翻浆冒泥等问题。二是波磨地段振动噪声增大，对沿线居民产生很大的干扰，也影响乘客乘车舒适性。三是波磨问题严重的话，有可能会导致列车通过轨道波峰的瞬

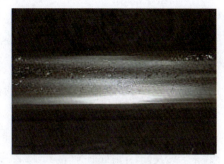

图7-3　轨面不均匀磨耗情况

间冲击力急剧增大，容易引发列车脱轨，还容易引起断轴。四是造成能耗增加。钢轨平面不平顺会导致轮轨黏着不良，增加运行阻力。

三、管理架构

土建设施的运行与维护工作主要涉及行业管理部门和城市轨道交通运营单位。在政府层面，一些城市会由专职的机构参与城市轨道交通土建设施的维护工作。以北京市为例，北京市交通运输委员会是城市轨道交通运营的行业管理部门，其下设的路政局（轨道养护管理处）负责城市轨道及其附属设施养护的监管；北京市基础设施投资有限公司是城市轨道交通资产管理单位，负责专项养护资金的筹措；城市轨道交通线路运营公司（北京地铁和京港地铁），负责城市轨道交通线路基础设施的养护维修。

在运营单位层面，以广州地铁为例，广州市地下铁道总公司运营事务统一由运营事业总部管理，其内设有四大中心：车务中心、车辆中心、通号中心和维修中心。维修中心内设的工建部，承担着轨道、桥梁、隧道、房建与装修等专业系统设施设备的日常巡检、预防性维护、设备运行状态监控、设备故障处理等工作。

维修中心架构如图7-4所示，工建部主要内设部门和职责分别为：

（1）综合室主要负责工建部部门规划、成本控制、全面预算管理工作，人力资源管理，材料、备件管理，办公用品管理等工作。

（2）生产技术室主要负责工建部维修计划的编制，各专业技术管理支持，故障技术分析，技术培训工作，技术标准、检修规程、管理标准等编制、修订和监督落实工作，维护和抢修组织、指挥、协调，委外工程、委外维修等管理工作。

（3）质量安全室主要负责工建部安全事故调查、分析及事故报告的审核上报工作，质量管理标准的制定、修订与监督落实工作，ISO9000 和 OHSAS 体系管理工作，安全检查和验收标准的制定与监督落实工作，质量评定考核工作。

（4）工务一、二、三、四分部和感应板分部分别负责所辖线路的轨道、道岔、感应板及附属设备的维修管理。

（5）线路房建一、二、三、四分部负责所辖线路的隧道、桥梁、房建与装饰、疏散平台、人防门附属设施的维修管理。

（6）检修试验分部负责部门辖内设施设备试验、监测、探伤与检测车、轨道打磨车管理工作。

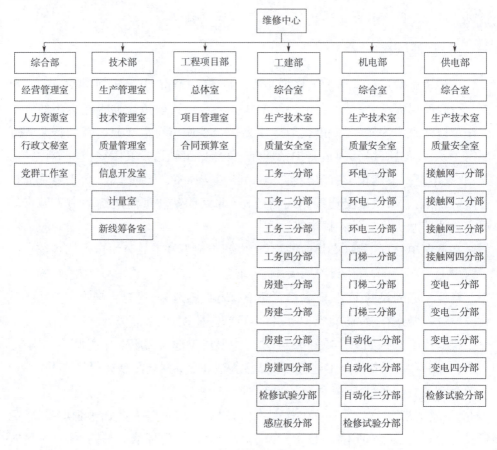

图 7-4　维修中心架构

四、管理标准和主要作业

1. 管理标准

为适应城市轨道交通的发展,保证土建设施运行良好,运营单位都编制有较为完备和全面的维护规章制度,构成了以线路运行与维护规程为核心的企业级运行维护管理体系。以线路运用和维修管理规程为例,具有如下特点:

(1)较多参照和采用了铁路系统相关技术文件的内容。例如《铁路技术管理规程》《铁路线路维修规则》《铁路工务安全规则》《标准规矩铁路道岔技术条件》(TB/T 412—2004)以及《铁路工务技术手册:线路业务》《铁路工务技术手册:轨道》《铁路工务技术手册:道岔》等规章和标准都被大范围引用。

(2)线路运用和维修规则的内容一致,以设施技术要求、维护周期和工作内容、维护工艺和标准、巡检规定、工务安全标准为主体规定。

铁路系统有关技术文件经过运营长期检验已经比较成熟,在城市轨道交通领域具有一定适用性。同时各地运营单位的主要技术规程内容相似,说明维护规程具有广泛的认可度和一致性,已经较为成熟,并能满足土建设施运用和维护的需求。

2. 主要作业

运营单位根据运行需求和设施设备技术特点不同,在相关企业标准规程中会针对钢轨、道床、道岔等不同部位制定专门维护和检修作业要求。以钢轨为例,典型线路主要单项作业内容和周期见表7-1。

钢轨检修和维护作业计划　　　　　　　　　表7-1

位置	维护类型	步骤	频率
钢轨	日常维护	1. 检查钢轨的外观并做好记录	每日
		2. 检查并记录钢轨表面是否有伤损、掉块及裂纹	
		3. 检查钢轨有无折断并做好记录	
		4. 对已发现的轻伤及有发展的伤轨进行观察并做好记录	
	二级维护	1. 正线、试车线钢轨(含道岔)探伤	每月
		2. 定期对小半径曲线进行涂油	
		3. 对正线钢轨探伤,对发现伤损的钢轨重点探伤	
		4. 对已发现的轻伤进行标记、观察	
		5. 检查并整治轨缝超标	

续上表

位置	维护类型	步骤	频率
钢轨	二级维护	6. 检查钢轨是否串动、爬行并记录情况,修正接头相对偏差	每月
		7. 及时处理重伤钢轨	
		8. 车辆基地内钢轨(含道岔)探伤	每季度
	小修	1. 开行钢轨打磨车对正线钢轨作预防性打磨	每季度
		2. 测量 $R<400m$ 小半径曲线钢轨磨耗并做好记录	
		3. 更换 50m 及以下需要更换的钢轨	
		4. 对轨面擦伤和剥落掉块进行处理	
		5. 对钢轨飞边及铝热焊接头凸出的进行打磨	
		6. 对低接头进行处理,保持其平顺,处理钢轨串动、爬行情况	
		7. 运营 5 年以上焊接接头专项探伤	每年
		8. 对易锈蚀地段钢轨涂上防锈剂	
		9. 全面调整轨缝	
		10. 焊接接头外观检查并做好记录	
		11. 对伤损钢轨进行统计、分析	
	中修	连续更换 50m 以上 200m 以下(含 200m)伤损钢轨	必要时
	大修	更换 200m 以上的钢轨	必要时

第三节　车站管理

一、管理范围和要求

车站由站台、站厅、生产和生活用房、出入口、通道、通风道及地面风亭组成。站台、站厅、生产和生活用房是供乘客集散、候车、换乘及上下车的场所,同时也是运营设备的工作场所和办理运营业务的地方。出入口及通道是供乘客进出车站的建筑设施,通风道及地面通风亭的作用是保证地下车站具有一个舒适的地下乘车和运营环境。

城市轨道交通车站结构功能复杂,技术要求较高,造价通常为同长度区间隧道的 3~10 倍。车站应保证乘客使用安全、方便并具备良好的内外部乘车环境。

二、常见问题及危害

车站是城市轨道交通流动乘客的载体,所以它发生的病害会对乘客产生直接或者间接的影响,往往会影响运营服务质量。车站中常见的病害有主体结构渗漏水、天地墙饰面破损、离壁排水沟防排水故障、门锁及玻璃等破损。

主体结构渗漏水是车站常见的病害(图7-5),而且此类病害是从车站建设到交付使用过程中一直存在的,车站结构的渗漏水除了施工过程中的质量控制问题外,更多的是钢筋混凝土本身的结构缺陷,大体积混凝土结构往往在凝结过程中由于温度及施工顺序原因出现多多少少的裂缝,随着季节的变化,大体积混凝土结构的热胀冷缩会导致裂缝的扩张,地下水和地表水会沿着裂缝渗漏到车站中,而且混凝土结构的裂缝是动态变化的,此类病害的维护与治理也是动态而持久的。

图7-5 车站中主体结构漏水案例

车站结构渗漏水治理可以采取堵排结合的方法,例如在车站顶板中板上的渗漏就可以选择安装接水槽的方法把水引到水沟中,避免采用水泥封堵方法引起的后补水泥老化掉块造成客伤事件。侧墙位置渗漏点如离电气设备较远,可视堵漏难度进行引或堵,但如果渗漏点靠近电气设备,则应尽量采取注浆堵漏的方法,以避免漏水造成的安全隐患。

天地墙饰面的破损,通常是由于设备的疲劳或者人为的损坏造成,避免此类病害可以选择使用周期较长、折旧率较低的设备,墙面也可以选择搪瓷钢板这类故障率极低的材料,以免造成备件更换过勤造成的经济损失。

离壁排水沟的病害有防水层受损、排水不畅等,前期的施工质量和人为原因会造成防水层破坏,导致离壁沟失效。而放坡坡度不足或淤积会导致离壁沟的排水不畅,这些问题的治理都需要对离壁沟的细化排查,对防水层受损的地方进行修复,对淤积的地方进行清理和检查。

门锁及玻璃等的破损一般也是设备疲劳和人为原因导致,五金门锁等应选择经市场验证质量较好的厂商,减少更换备件的频率。而玻璃的破损则只能通过更换来进行修复,因此在更换难度较高位置应尽量避免使用玻璃装修或避免使用大面积玻璃来进行装修。

三、管理制度和主要作业

车站土建设施的运行与维护主要依靠站务人员和检修人员进行巡视来执行，根据企业相关标准规程进行处理，必要时将重大疑难病害上报工务部门进行分析和维修。在车站日常工作中，各级人员应按照职责范围对不同位置进行巡视并各有侧重，巡视范围见表7-2。以哈尔滨地铁集团有限公司相关规定为例，该公司要求值班站长接班前必须巡视一次，班中每两小时巡视一次，并将相关情况记录。客运值班员每班巡视四次。站厅站务员每两小时巡视出入口、站厅一次。站台站务员在接发车间隙来回巡视站台，交接时接岗人员必须先巡视后接岗。

车站工作人员巡视范围　　　　表7-2

人　员	巡　视　范　围
值班站长	管理用房站厅、站台、出入口、风亭
客运值班员	站厅、站台、出入口、风亭
站厅站务员	出入口、站厅
站台站务员	站台

第四节　桥梁和区间隧道管理

桥梁和区间隧道包括洞体结构、梁、墩台、支座、栏杆、步行道、声屏障等。

一、桥梁常见病害和防治措施

桥梁常见的病害有主体结构破裂、支座变形损坏、防排水设施故障、隔声设施破损失效、防护结构受损松动。高架线路部分桥梁支座容易出现支座位移、变形超标、开裂等现象，造成局部支承面积减小，支座受力不均匀，影响桥梁受力。

一般主体结构的裂损是由于前期基础施工不完善，后期不均匀沉降导致结构出现裂缝及损坏，此类结构病害应视其裂损严重程度进行表观修复、结构性修复或加固。支座损坏故障也基本上是前期施工不完善导致的病害，也应根据其病害程度分析制订修理或者更换构件等处理方案。

防排水设施故障主要有防水层裂损、排水沟淤积、排水管堵塞损坏等,造成的主要原因有前期施工不当及长期的高温暴晒导致防水层的裂损、树叶及泥尘垃圾等造成的排水沟淤积、杂物造成排水管的堵塞及损坏等。防水层及排水沟的裂损可以通过重新铺设防水及保护层进行处理修复,而排水沟及排水管的淤积及损坏需要通过定期的检查来进行清理及更换。

隔声屏破损、缺失、松动是桥梁附属构造设施的最常见病害,而且这部分的故障往往容易影响行车安全。强风或者频繁的高温暴晒和振动,容易造成这些设施的损坏。除了定期的检查外,故障的及时修复和复查非常重要,隔声屏应注意材料的选择,如果选用玻璃,则应选择高强度的双层夹胶钢化玻璃,防止玻璃裂损后掉落轨行区影响行车安全。部分的桥梁会有一些防护栏或防护网等构造,这类设施的故障状况与隔声屏类似,也需要定期的检查和维护,避免因频繁的振动和人为原因造成的螺栓及固定件的松动及破坏。

二、隧道常见病害和防治措施

隧道中常见的病害有主体结构渗漏水、衬砌裂损、道床翻浆冒泥、排水沟淤积等、道床起拱或下沉等。隧道中的病害究根到底都是由于隧道施工质量和混凝土结构本身的缺陷引起的,施工过程中欠挖、超挖、浇捣混凝土不密实、厚度不足、防水层失效等都可能导致这些病害。这些病害的治理方法已经在国铁隧道及公路隧道中得到应用并成熟,只是地下水丰富的城市轨道交通有自己的特点,例如水量丰富、水压较大、钙化物较多等。

初砌裂损一般采用表面修复,如果较为严重的则需要采取深层处理,渗漏水、翻浆冒泥等渗漏性故障,往往通过注水泥浆及环氧树脂等合成物来处理,注浆的方法大同小异,只是注浆的材料会根据病因的复杂程度及特点进行选择,渗漏水还应该堵排结合,在地下水丰富、水压力大且隧道裂缝较多的区间,甚至可以考虑以排为主,排堵结合,可以利用接水槽和开暗槽的方法进行引排,使结构渗漏水进入一个稳定的状态。

近年来,随着城市轨道交通建设的高速发展,遇到的地形和水文情况也越来越复杂,而城市轨道交通隧道中也出现了一些比较严重的病害,例如道床起拱及下沉,此类病害一般是由于隧道结构渗漏严重且地下水压力较大而引起,但目前故障的整治方法日益成熟,比较常用及整治效果较为明显的方法一般是深层注浆与加设锚杆结合。

排水沟淤积是由于隧道结构的渗漏水带出来的钙化物及地下水中的一些杂质长期淤积在排水沟中,时间久了硬化成块难以清理。这些淤积物会直接导致水沟淤积变浅,排水不畅甚至水淹道床,因而水沟淤积需要每隔一个固定周期即进行清理和疏通,以保证排水沟的清洁和通畅。

第五节　车辆基地和附属结构管理

车辆基地土建设施和附属结构的管理一般在运营单位车辆基地管理规程和标准中进行规定,除突发、重大的专项整修工程外,一般不再进行专门的巡检作业规定。因此本章重点论述常见的病害和防治措施。

一、车辆基地常见病害及防治措施

车辆基地是车辆和运营组织管理技术人员的集结地,列检库(图7-6)等通常以大跨度结构和办公楼结构为主,常见的病害和地上工业民用建筑常见故障一样,但仍有一些特有的故障,如轨道路基的沉降、停车库的大跨度伸缩缝渗漏水、车辆基地轨旁安全防护结构的故障等。

轨道路基的沉降原因有前期施工的分层压土不实、路基的排水组织不到位等,这些故障如果在后期处置往往难度较大,因此应在设计阶段就严格把关,在审图阶段就发现问题、解决问题;停车库的大跨度伸缩缝

图7-6　车辆基地列检库

漏水也是列车停车场的常见病害,因为现在的车辆段建设往往与上盖相结合,大面积混凝土平台上的伸缩缝形式通常采用平面式而不采用反口式,这种伸缩缝处理往往会因为屋面面积过大和排水速度较慢而导致伸缩缝的渗漏水,因而车辆段大面积屋盖结构伸缩缝施工是质量控制的重点,几道防水须严格把关,做到防引结合;车辆段轨旁安全防护结构有围墙、防护网等,这些围护结构往往通过防止外人进入轨行区域,起到保护车辆段的限界安全的作用,通常出现的故障有基础沉降不均,防护网遭人为破坏等,造成的原因就是原来施工的路基土压实不

足导致防护结构基础沉降,还有一方面就是施工阶段部分施工人员图方便走捷径破坏防护网,车辆段需要设置一定的安全巡检制度来应对该类故障。

二、附属建筑常见病害及防治措施

附属建筑是城市轨道交通的功能性建筑,主要包括风亭(图7-7)、冷却塔围护结构、变电所等。附属建筑的故障病害主要有风亭百叶的损坏、围护结构的损坏、变电所内装修损坏等。散水的沉降开裂一般是由于路基土的不密实导致,而其他故障也基本是由于设备疲劳折旧及人为原因损坏导致。

图7-7 车站风亭

设备的疲劳和折旧可以通过维护来预防,通过维修更换来进行处理,人为损坏的只能加强定期检查,做到早期维修避免二次损坏。

第六节 其他工作重点

一、结构防水

1. 结构防水概述

防水的好坏关系到城市轨道交通的可用性、耐久性、安全性,这就要求城市轨道交通需具有良好的防水性能,主要表现为以下几方面:

(1)良好的防水是城市轨道交通正常运营的需要。车站是人流密集、乘客上下车和换乘的场所,也是机电设备集中的地点,这就要求车站必须保持干燥;而区间隧道是检查维修人员的工作场所,同时要避免电力、线路、轨道、通信、信号元件受潮浸水导致损坏失灵,也需要保持良好的防水状态。

(2)良好的防水是工程本身坚固性和耐久性的要求。地下水特别是侵蚀性地下水对混凝土结构本身的侵害很大,不但会导致混凝土强度降低,还会对结构内部的钢筋发生侵蚀,直接导致结构承载能力的下降。

(3)良好的防水对减少运营阶段的维修成本起到重要的作用。渗漏水不但会使钢轨锈蚀损坏,内部潮湿的环境也会加剧内部装修的霉变损坏,同时可能引发供电线路的安全事故,给运营维护留下隐患。渗漏水处理本身也是费工费时且往往效果不佳的工作。

2. 防水等级

目前,我国城市轨道交通防水的等级标准主要是依据现行国家标准《地下工程防水技术规范》(GB 50108—2008)确定的。

地下工程的防水等级分为四级。国家标准《地铁设计规范》(GB 50157—2013)中规定地铁车站和机电设备集中地段防水等级为一级,区间隧道及附属通道防水等级为二级。一级由于渗水量极小,测量较困难,只有定性要求。二级既有定性要求,又有定量指标。防水等级为一级的工程其结构内壁并不是没有地下水的渗透现象,而是渗透量极小;防水等级为二级的工程其结构内壁渗漏量在 $0.025 \sim 0.2 L/(m^2 \cdot d)$。在通风不好、工程内部湿度较大的情况下,每5~6滴水约为1mL水量,每分钟2~3滴的渗水量约与 $0.06m^2$ 湿渍相当,因此根据工程的不同用途,将在工程结构内壁任意100%防水面积上湿渍总面积值、单个湿渍最大面积值及湿渍个数作为判断工程防水是否达到二级的量化指标。

3. 渗漏水现状

城市轨道交通渗漏水是一个普遍而又危害严重的病害,虽然防水越来越受到重视,但由于种种原因,渗漏水现象还是不同程度的存在,现状不容乐观(图7-8)。以下实例为我国几个城市轨道交通渗漏水造成的损害。

图7-8 道床积水案例

北京地铁西单站车站建成后,主体结构梁柱拱与梁柱连接处西南和西北出入口均有不同程度的渗漏,1992年10月运营后,由于渗漏水造成了不良的社会影响,损坏了不少设施,治理渗漏水时间长达5年,处理难度大;1995年,上海地铁1号线下行线上海体育馆至漕宝路站之间发生滴漏,造成回流线短路、冒火;广州地铁1号线地铁站及区间隧道土建工程完工后开展了相当规模的堵漏工作,并相继持续了近一年时间,该线公园前站站厅站台、地板有较重程度的渗漏流水和涌水。

4. 治理措施

目前我国城市轨道交通结构采用的防水类型是全防型和防排结合类型。全防型固然很理想，但由于衬砌始终处于外水压力作用下，其渗漏发生的可能性比防排结合类型高得多，且一旦漏水处理也较麻烦，广州地铁1号线采用全防设计，但实践证明效果不太理想；防排结合类型能把防和排有效结合，以防为主，且将排水量控制在合理的水平上，这样就消除了衬砌的外水压力，减少了渗漏发生的概率，同时地铁排水又不至于过多地增加泵房排水费用。从地域上讲，全防型适合于北方干旱少雨且地下水位埋深大的城市地铁防水设计，防排结合型较适于南方地下水补给充沛，少量排水对地下水位影响可忽略不计的城市地铁防水设计。总之，选取适宜的防水类型要根据地铁防水等级、工程地质、水文地质、环境要求等综合考虑，达到防水可靠、排水不会对周围环境产生不利影响。

二、结构变形监护

在建设过程和运营期间，城市轨道交通的隧道、高架桥、U形结构、路基挡墙等主体结构会有变形情况发生，引起线路沉降、轨道变形，严重时则影响城市轨道交通的运营安全。为了及时掌握城市轨道交通主体结构的变形情况，及时消除安全隐患，在运营期间，对主体结构采取适宜的变形监测，并根据变形监测情况，及时提出整治方案，是保障城市轨道交通运营安全的必要手段之一。

1. 主体结构变形的原因

（1）城市轨道交通结构随地层的隆沉发生变化。如天津市地处冲积平原地区，整体沉降量较大。城市轨道交通结构本身会由于地基的变形及内部应力、外部荷载的变化而产生结构变形和沉降。

（2）不同的线路敷设形式存在结构变形差异。城市轨道交通工程呈线状分布，分布范围较长，整个工程范围内由于线路敷设形式不同有可能存在着不均匀沉降的问题。

（3）既有线与新建工程存在结构变形差异。个别城市轨道交通项目存在既有线改造的情况，如天津地铁1号线西站至新华路7座既有站是利用既有地铁的洞体进行改扩建而成的。既有段始建于1970年，改建工程充分利用了既有段区间结构，每个改建站两端均与新结构体衔接，衔接处均存在着新旧结构间的差异沉降问题。

(4)城市轨道交通运营会诱发结构变形。城市轨道交通运营时反复的振动和曲线上未平衡的离心力等的作用,都可能诱发区间隧道洞体的形变和隧道周围土体性质的变化,这也是进行城市轨道交通运营监测的重要原因。

(5)城市轨道交通周边环境的改变也会造成结构变形。城市轨道交通所经过的沿线多是城市繁华地带,一些高层商务楼宇正在或即将施工建设,这些距城市轨道交通较近的建筑物在施工期间极易引起城市轨道交通结构的变形。为此,在周围工程开工前,对城市轨道交通制订适宜的监测方案,伴随周边工程的建设,对城市轨道交通进行全程变形监测也是十分必要的。

2. 重点监测位置

根据理论分析和以往的经验,一般对城市轨道交通的以下主体部分进行重点监测,掌握重点位置的结构变形情况:

(1)车站与区间衔接处的差异沉降;

(2)城市轨道交通穿越河流、不良地质地段的隧道区段的特殊沉降;

(3)既有隧道与新建隧道衔接处的差异沉降;

(4)区间联络通道附近衔接处的差异沉降;

(5)城市轨道交通沿线有高大建筑或正在施工的工程对隧道的影响;

(6)本线与后建设的城市轨道交通线路交叉点附近地段对本线隧道的影响;

(7)高架桥地段的墩台沉降、梁体的挠曲变形;

(8)隧道、高架桥与路基的过渡段的差异沉降;

(9)城市轨道交通穿越既有铁路,既有铁路对隧道的影响。

自城市轨道交通开始施工之日起,对城市轨道交通保护区范围内的新建建筑物,就要进行监测直至评定其已经稳定,或变形值和变形速率在正常值范围内为止。监测范围包括建筑物基坑围护结构的变形和临近建筑物地段的城市轨道交通结构(重点监测对象),根据工程情况和变形情况,采取适当的监测方案,必要时采取现场设置探头和传感器,用光缆传输数据,远程实时监测。

3. 监测手段

监测工作取得的各类数据是现场监护及轨道交通结构维护工作的重要依据。依据城市轨道交通保护技术标准,对整条运营线路和保护区内发生工程的区段,视情况不同进行定期或不定期的监测,根据工程的风险程度和难易程度采用不同的监测系统和方法。

对刚投入运营的新线路和非稳定区段,1年对整个线路进行4次沉降监测、1次收敛监测、1次位移监测。对于投入正常运营超过2年以上的线路,1年进行2~3次沉降监测;1次收敛监测;1次位移监测。对局部异常地段重点监测,根据具体情况1年多次进行。对监测数据进行统计分析,归纳出变形超标的区段,为结构检查及维护工作提供依据。

监测仪器及方法应参考《国家一、二等水准测量规范》(GB 12897—2006)、《精密工程测量规范》(GB/T 15314—1994)等国家标准,选择自动或常规监测系统,全站仪、激光断面仪、高精度电子水平尺等设备和仪器,对城市轨道交通结构及其附属设施及高架结构的垂直沉降、水平位移、管径变化及隧道内环、纵缝变化做精确测量(图7-9),针对将达到或已达到报警值的参数提出防治措施,严重变形的上报有关部门。

图7-9　变形监测作业

另一方面,近年来我国有关单位开发和应用了自动化监测系统。与传统的人工测量方式相比,具有实时、连续、自动化、网络化的特点,但费用较昂贵,仅适用于高风险和高难度的监护工作。

三、工务安全

城市轨道交通实现安全运行的基础就是实现工务安全。车轮在两根钢轨上高速行驶,只有具备良好的轨道设备才能够确保列车运行中的安全、平稳和舒适。城市轨道交通运营部门应加强工务管理,提高维保质量,避免钢轨损伤、道岔不良、道床松动、路基塌方等一系列影响行车安全的事故发生(图7-10)。在实际生产中认真贯彻执行"安全第一、预防为主"的方针,掌握安全生产的规律,加强安全生产管理,建立健全

图7-10　运营单位进行开通前检测

各项安全管理规章制度,严格作业纪律和劳动纪律,并强化奖惩制度和培训教育制度。特别是针对线路断轨、挤岔这类常见的突发性故障,运营单位要提前建立设施保障体系,配备抢修人员、抢修设备和物资,在突发故障发生时工务工作能够有的放矢、高效开展。相关的抢修预案应对抢修作业程序、线路恢复开通的条件作出程序化和量化的规定。

第八章 人员管理

人员管理是城市轨道交通运营单位最重视的管理抓手之一。从运营单位的岗位设置、编制定员,到岗位职责和上岗要求,以及在岗教育和培训,都应以满足运营管理需要的原则制定。本节将按照上述的脉络,结合案例来阐述运营单位如何强化人员管理,提高工作效率。

第一节 岗位设置

一、控制中心人员设置

城市轨道交通各运营单位可根据自己的具体情况及管理模式设置不同的调度工作岗位,但在控制中心一般都设有值班主任、行车调度员、环控调度员、电力调度员、维修调度员等调度工种。

(1)值班主任是调度班组工作的领导者,负责统一指挥协调各种调度工种及车站、车辆段等相关人员的工作,并组织处理运营中出现的各种故障和事故。

(2)行车调度员是一个调度区段行车工作的指挥者,负责监控列车的运行状况,及时掌握列车运行、到发情况,发布调度命令,检查各站、段执行行车计划的情况,并且在列车晚点或事故时,组织和指挥车站工作人员、列车司机以及相关的各个部门及时采取相应措施,尽快恢复列车运行,减少运营损失。

(3)环控调度员主要监控通风、空调、给排水等和环境相关的各种设备,及时调节所管辖区段内的温度、湿度、含尘量等各种参数,保证环境质量满足乘客的出行需要。

(4)电力调度员是供电系统运行、操作和事故处理的指挥者。电力调度员负责监督指挥供电系统的安全运行和操作,审批供电系统的检修作业,指挥处理供电设备的故障,充分发挥供电系统设备能力,满足各类设备的用电要求。

(5)维修调度员代表运营单位行使维修组织、抢险指挥的调度指挥权。维修调度员负责组织实施车站、正线及辅助线等设施设备的检查、维修、施工作业的组织实施等。

二、车站人员构成

车站是城市轨道交通系统的重要组成部分,是运营企业与服务对象联系的主要环节。车站管理的核心任务是安全、迅速、方便地组织客流集散,并做好行车组织工作。随着城市轨道交通车站设施设备的不断发展变化,我国各大城市轨道交通车站的设施设备及岗位设置也不尽相同,工作职责及作业程序也存在差异。

城市轨道交通车站以安全、高效、快捷地运送乘客为宗旨,车站应该根据行车计划、施工计划以及客运组织计划等生产任务的要求建章立制,合理设置岗位和组织排班,并有序安排各岗位员工履行职责、协调运作。车站管理模式一般采用值班站长负责制,负责当班期间车站的行车安全、客运服务、票务、环境清洁、事件处理、人员管理等工作。一般来说,车站常驻人员有值班站长、行车值班员、站务员、售票员、安全员、保洁员、设备维修人员、地铁公安人员等。

三、车辆基地岗位和人员

车辆基地一般包括车辆段、变电所和综合维修基地几部分功能,各地运营单位在具体岗位上的设置上区别也较大。因此,本部分仅就通用的车辆基地内行车岗位的设置进行介绍。

(1)车辆段控制中心岗位设置。车辆段控制中心是车辆段内行车组织,机车车辆及行车设备设施的检修或施工作业、调试作业和车辆清洁的管理中心。一般设有车辆检修调度员、车辆段调度员等岗位。车辆检修调度员在车辆段控制中心当值,负责组织车辆的检查、维修工作及故障处理的管理和协调工作;车辆段调度员在车辆段控制中心,负责与检修调度员交接检修及运用列车;负责车辆段辖区内行车组织、涉及行车的施工或检修作业组织,调车作业计划的安排等。

(2)信息楼值班员。车辆段信号楼一般设置两名信号楼值班员,一名负责操作计算机设备,包括排列进路、开放信号、实现计算机联锁设备的用途及功能,称为前台值班员;另一名负责办理接发列车、接受车辆段调度作业计划及外界联系沟通等作业,并指挥、监督前台值班员作业,称为后台值班员。

(3)派班调度员岗位。负责安排列车司机的出勤退勤作业,负责编制列车交路表和列车司机派班表,制订和组织实施列车司机的派班计划,遇突发事件根据列车交路及时调配好乘务员的派班。协助主任管理乘务员日常事务,检查落实各项管理制度和作业安全规定。

此外,针对车辆段内的调车作业,设有专职或兼职的调车员、车长、连接员。兼职的调车员、车长、连接员一般由司机担当。

第二节 岗位要求与资格

城市轨道交通岗位从业人员总体应当具备高度的责任心;应能承受较强的心理压力,具有良好的心理素质;应具有较强的语言表达、人际沟通能力和应急决策能力。部分岗位还要求不仅需要扎实的专业知识,还需要具备较强的分析处理问题能力、反应能力、沟通能力。根据《城市轨道交通行车值班员技能和素质要求 第1部分:地铁、轻轨和单轨》(JT/T 1002.1—2015)、《城市轨道交通列车驾驶员技能和素质要求 第1部分:地铁、轻轨和单轨》(JT/T 1003.1—2015)、《城市轨道交通行车调度员技能和素质要求 第1部分:地铁、轻轨和单轨》(JT/T 1004.1—2015)的规定,关键岗位需满足如下要求。

1. 行车值班员

行车值班员应接受车站行车管理、客运、票务、施工、车站设施设备以及应急处置等内容的培训,并完成包括安全与规章、车站基础知识、行车业务、客运业务、应急处理等在内的理论培训,完成行车设备、行车业务实操、消防设备的跟岗实操培训。

行车值班员离开本岗位连续6个月以上,应重新经过考试,合格后方可继续上岗。并且行车值班员转入不同车站从事行车值班员工作前,应经过学习考试。

2. 列车司机

列车司机必须牢记"安全第一、便民第一"的宗旨。遵守和学习有关的安全规定和运行规则,严格按照安全制度、行车规则执行乘车驾驶任务。列车司机应接受行车设施设备、行车组织规程等内容的培训,此外还应接受驾驶车型的基本构造、一般故障处理及线路的行车组织和应急处置等内容的理论培训，应进行车辆故障、火灾、停电和脱轨等险情的模拟操作。掌握列车的基本构造、性能，具有处理一般故障的能力，熟悉运行线路和停车场等基本设施情况，熟练掌握担任驾驶区段、停车场线路纵段面情况，熟悉救援的过程和方法等应急处置流程。同时按照相关标准要求，需在经验丰富的司机的指导和监督下，驾驶里程不少于5000km。

列车司机应定期进行心理测试，对不符合要求的列车司机，运营单位应及时调整。列车司机离开驾驶岗位连续6个月以上，应经过学习考试，合格后方可继续上岗，并且列车司机转入不同线路从事驾驶工作前，应经过学习考试。

3. 行车调度员

具有运输专业大专以上学历，具备运输专业实践工作经验，并具备调度专业知识，应全面熟悉掌握《技术管理规程》《行车组织规则》《行车调度规则》《行车事故处理规则》等各种与列车运营及事故处理相关的各种规章制度，以及所在公司的各项运输类规章，并取得调度员上岗资格证。行车调度员离开本岗位6个月以上，应重新经过考试，合格后方可继续上岗。并且行车调度员转入不同线路从事调度工作前，应经过学习考试。

此外，行车调度员还应具有如下知识和能力。熟悉车辆组成结构、列车的基本工作原理以及车辆主要系统（如制动系统、转向架系统、传动系统等）常见故障的处理方法；熟悉天气变化对行车造成的影响；熟悉列车运行过程中途经线路的曲线、坡度、信号机布置、桥隧及建筑物限界等情况，区段线路牵引供电区域的划分以及供电情况，以及与列车运行相关的各种设备运行情况；掌握节假日、重大活动等因素对客流增减及列车运行影响的一般规律。

第三节　培　　训

一、培训方式

城市轨道交通的培训方式可分为供货商培训、委外培训、订单培训和自主培训四种类型。

1. 供货商培训

在设备安装调试阶段安排的供货商培训，效果比较明显。在城市轨道交通开通试运营之前，可将供货商培训作为重点工作来抓，在设备安装调试阶段，保证所有管理人员、技术人员、班组长接受供货商组织的技术培训，并获得供货商相应颁发的技能操作证书。

2. 委外培训

借助其他城市轨道交通运营单位的技术优势、设备优势、培训力量和管理经验，是使运营人员快速掌握运营管理经验、具备岗位相关技能的捷径。委外培训主要针对关键的管理、技术和生产岗位，委外培训人数控制在相应岗位（或工种）的20%左右，委外培训人员回到企业后，负责组织其他员工的培训。

对于运营单位新招收的应届大中专毕业生，可按照培训周期送外培训；对于通过社会招聘的其他岗位，可根据实际情况组织短期外出参观考察和学习；对于生产岗位需要持证上岗的，在委外培训期间，培训对象应取得相应上岗证和安全证。

3. 订单培训

订单培训包括全订单和半订单两种模式。半订单是指根据具体的岗位需求，到所选定的学校，按照行业标准及城市轨道交通运营单位对人员素质和知识技能的要求，约提前一年在选定学校招聘员工，然后学校组班并根据运营单位的各专业培养方案由校方实施培养，最后由企业考核验收。全订单是指根据招生条件、专业等的要求，委托校方招收高（初）中应届毕业生，并根据"培养方案"进行培养，最后由企业考核验收。

选择具有一定教学优势的院校或专业进行订单培养，其人员和综合素质具有较高的稳定性，是企业引进新员工的主要途径。而且采用全订单模式（相当于委培）的企业在学校招生时就开始介入培养工作，全程监控。3年制大专分为"2+1"或"2.5+0.5"模式，即在校理论培训2（或2.5）年，由校方负责组织实习1（或0.5）年；采用半订单模式的企业仅在学生毕业前1（或0.5）年介入，由企业到校选录学员，并按企业的培养目标，负责安排学员的实习。订单培训周期及离校时间，列车司机一般为12个月，站务员一般为3个月，维修类技工一般为6个月。

4. 自主培训

在供货商培训和委外培训期间，应重点选拔、培养适合从事培训的人员，在前期培训的技术骨干中选拔出专(兼)职培训师,逐步建立健全培训网络和培训体系。立足企业的发展开展培训,以满足企业日常的培训需求,如在职培训(新技术和晋升培训)、新员工培训、临时培训、管理培训和班组长培训等。

二、培训相关制度

1. 持证上岗

包括岗位合格证、安全合格证和特种作业操作证等:

(1)岗位合格证。员工上岗培训合格后,由培训部门负责组织考核、颁发岗位合格证,实行生产岗位持证上岗制度。

(2)安全合格证。企业内部可认定与行车安全密切相关的工种为企业级特殊工种,并按特殊工种的要求由培训部门负责组织开展培训、授证、年审工作。例如供电安全等级证等。

(3)特种作业操作证。培训部门负责组织管理,由国家安全生产监督管理部门培训、授证及年审。如电工操作证、电梯操作证等。

2. 岗位资格认证

岗位资格认证制度主要适用于生产服务岗位,如站务员、值班员、检修工等岗位,实行岗位资格认证制度的根本目的在于评聘分开,资格认证主要从理论、实操、业绩(行为表现)等方面进行。

3. 职称(技术等级)评审

职称(技术等级)评审适用于所有员工,符合国家有关规定即可申报。建议将职称(技术等级)作为岗位任职条件之一,实行职称(技术等级)评聘分开,结合岗位晋升制度,推进职称(技术等级)评审工作。

4. 培训激励与考核

员工参加培训前企业宜制定一套各层级培训的考核机制,以提高员工的学习积极性。培训的考试成绩、表现、培训的持证情况,与是否任用员工挂钩,与聘用的岗位级别挂钩。

第九章 安全管理

城市轨道交通运营安全管理是一切工作的基础,需要高度重视。本章重点从安全管理目标、安全管理体系和安全管理手段等方面阐述城市轨道交通系统运营的安全管理。

第一节 安全管理目标

城市轨道交通运营安全管理一般依据安全管理决策、计划、方针等,开展安全管理工作,以控制安全风险,排查安全隐患,有效减少事故发生,尽量避免生产过程中由于事故造成的人身伤害、财产损失、环境污染及其他损失。

城市轨道交通运营安全管理的目标是保障城市轨道交通运营安全,并主要通过以下四方面措施实现此项目标。

(1)建立安全管理制度体系,完善相关制度内容,保障安全管理的强制性和规范性;

(2)健全安全管理机构设置,完善工作人员配备,保障安全管理资金投入,奠定管理工作的基础,保障安全管理的可实施性;

(3)规范安全管理人员的教育与培训,增强安全文化建设,拓展乘客安全宣传,保障安全管理的先进性;

(4)强化安全管理手段,开展运营安全检查、隐患排查与管理、风险评估与控制等工作,保障安全管理的有效性。

第二节 安全管理体系

城市轨道交通运营安全管理体系可分为两个层面:一是基础层面,主要包含管理制度、人员配备、机构设置、资金保障等内容;二是实施层面,主要包含安全检查、隐患管理、风险评估、安全技术及教育培训等内容。城市轨道交通运营安全管理体系架构如图9-1所示。

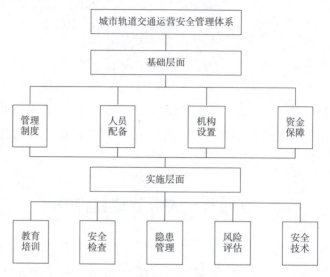

图9-1　城市轨道交通运营安全管理体系架构

一、制度和法规

城市轨道交通运营安全制度和法规体系主要体现为国家、地方及运营单位三个层面。

1. 国家层面

国家层面的安全法规体系主要包括安全制度、安全法律、安全条例、规范性文件、安全标准等。

1）安全制度

安全生产责任制是根据我国的安全生产方针"安全第一，预防为主，综合治理"和安全生产法规，建立的各级领导、职能部门、工程技术人员、岗位操作人员在劳动生产过程中对安全生产层层负责的制度，也是我国在各领域安全方面的基本管理制度。在城市轨道交通领域，安全生产责任制也是最为重要的基本安全管理制度，贯穿整个管理体系和全部安全过程。

2）安全法律

《中华人民共和国安全生产法》是我国在安全生产领域，为了加强安全生产监督管理，防止和减少生产安全事故，保障人民财产安全所编制的第一部基本法律，是我国开展一切安全生产活动的上位法。该法共由 7 章 114 条组成，内容涵盖生产经营、从业人员的权利和义务、安全生产的监督管理、生产安全事故的应急救援与调查处理、法律责任等方面。该法是城市轨道交通运营安全的基本大法。

3）安全条例

目前，我国关于城市轨道交通安全管理条例主要包含国务院出台的相关条例和地方人民代表大会颁布的相关条例两大类。

国务院即将出台的《城市公共交通条例》是我国在城市轨道交通领域的权威法规，条例的草案针对运营安全方面进行了明确规定，并提出了要求具有专门资质单位每两年开展一次运营安全评估，对于提高我国城市轨道交通运营安全保障能力具有重要意义。

4）规范性文件

2019 年，交通运输部系统谋划构建城市轨道交通运营管理体系，先后制定出台了运营安全评估、风险分级管控和隐患排查治理、设施设备运行维护、应急演练、险性事件报告、行车组织、客运服务和服务质量评价等方面的 9 个规范性文件，以及 4 个配套文件，基本构建了城市轨道交通运营管理制度体系，相关文件情况见表 9-1。

2019 年交通运输部印发的规范性文件和配套文件　　　　表 9-1

序号	名　　称	文　　号	发 文 日 期	实 施 日 期	有效期
1	城市轨道交通初期运营前安全评估管理暂行办法	交运规〔2019〕1 号	2019 年 1 月 29 日	2019 年 7 月 1 日	3 年
2	城市轨道交通服务质量评价管理办法	交运规〔2019〕3 号	2019 年 4 月 8 日	2019 年 7 月 1 日	3 年
3	城市轨道交通运营安全风险分级管控和隐患排查治理管理办法	交运规〔2019〕7 号	2019 年 7 月 27 日	2019 年 11 月 1 日	5 年
4	城市轨道交通设施设备运行维护管理办法	交运规〔2019〕8 号	2019 年 7 月 27 日	2019 年 11 月 1 日	5 年

续上表

序号	名称	文号	发文日期	实施日期	有效期
5	城市轨道交通运营突发事件应急演练管理办法	交运规〔2019〕9号	2019年7月27日	2019年11月1日	5年
6	城市轨道交通运营险性事件信息报告与分析管理办法	交运规〔2019〕10号	2019年7月27日	2019年8月1日	5年
7	城市轨道交通行车组织管理办法	交运规〔2019〕14号	2019年10月16日	2020年4月1日	5年
8	城市轨道交通客运组织与服务管理办法	交运规〔2019〕15号	2019年10月16日	2020年4月1日	5年
9	城市轨道交通正式运营前和运营期间安全评估管理暂行办法	交运规〔2019〕16号	2019年10月16日	2020年4月1日	3年
10	城市轨道交通初期运营前安全评估技术规范 第1部分：地铁和轻轨	交办运〔2019〕17号	2019年2月1日	—	—
11	城市轨道交通服务质量评价规范	交办运〔2019〕43号	2019年4月8日	—	—
12	城市轨道交通正式运营前安全评估技术规范 第1部分：地铁和轻轨	交办运〔2019〕83号	2019年10月15日	2020年4月1日	3年
13	城市轨道交通运营期间安全评估规范	交办运〔2019〕84号	2019年10月15日	2020年4月1日	3年

5）安全标准

安全制度方面，以风险分级管控和隐患排查治理双重预防制度为核心，以设施设备、安全评估为重点，建立健全覆盖事前、事中、事后全过程的安全管理制度。事前严把设施设备投入运营、从业人员上岗作业的入口关，强化源头治理；事中通过企业自查、第三方评估、行业检查等方式，构建企业为主、行业监管、社会监督相结合的安全治理体系，严防风险演变、隐患升级导致事故发生；事后建立险性事件分析与报告制度，实现安全闭环管理和持续改进。应急制度方面，将城市轨道交通运营突发事件应急处置能力建设放在突出位置，重点推进制定应急演练管理办法，切实提高应急协同处置能力。服务制度方面，立足更好满足人民群众高质量出行需求,重点研究制定客运组织与服务管理办法,以及服务质量评价制度,推动各地定期组织开展服务质量评价,不断提升乘客满意度和获得感。

2. 地方层面

1) 地方性条例

地方人民代表大会颁布的相关条例是依据国家相关法律、法规,为适应地方特点而编制的城市轨道交通运营安全管理相关地方性法规。截至 2015 年 6 月,我国已有近 30 个省市出台了安全生产相关条例,大部分已开通城市轨道交通的城市均颁布了地方性城市轨道交通(管理)条例,对城市轨道交通安全管理工作作出了详细规定,如建立健全安全管理制度、编制完善安全管理制度、组建专业管理队伍、加大安全资金投入、强化运营安全评价等。这些系统规定为有力提升我国城市轨道交通安全状态奠定了基础。

条例内容主要是从职责分工、安全管理、服务管理等方面进行要求,规定内容相对宏观,侧重原则性。一些城市根据自身实际情况编制相关条例并强化了相关内容,如上海市相关条例重点强化了规划和建设管理,广州市相关条例重点强化了设施保护,重庆市相关条例重点强化了保护区管理等。

2) 规范性文件

目前我国大部分已开通城市轨道交通线路运营的城市均已颁布了城市轨道交通相关管理办法或城市轨道交通运营(安全)管理办法,对安全工作进行了严格、细致、深入的规定。地方城市轨道交通运营安全相关管理办法主要包括运营安全管理、安全设施设备管理、安全保护区管理、应急管理及事故处理等内容。其中,北京市相关管理办法针对建设与运营的安全衔接进行了重点规定,上海市相关管理办法强化了安全设施设备管理,深圳市相关管理办法深入了运营监管的规定。

3. 运营单位层面

运营单位层面的法规制度主要包括安全制度、规范性文件、操作规程、技术标准等内容。

1) 安全制度

运营单位安全制度主要包括运营单位安全生产责任制、安全会议制度、安全责任落实跟踪制度、安全检查和隐患排查制度、事故处理制度、安全教育与培训制度、工作人员考核制度、档案管理制度等。

(1)运营单位安全生产责任制。

城市轨道交通运营单位安全生产责任制主要包括以下内容：

①运营单位各级领导人员必须负责管理安全工作，认真贯彻执行国家有关法规和制度，明确各级领导在安全管理中的具体职责和任务。

②运营单位中的行车、客运、调度、票务、服务、维修等相关部门，都应该在各自业务范围内，明确安全责任的具体内容和要求。

③运营单位各级管理部门都应设置与实际情况相对应的专职、兼职工作人员，保障日常运营管理工作的顺利进行。

(2)安全会议制度。

我国城市轨道交通运营安全会议制度，主要包含3个层面。

①总经理办公会。主要是总结运营单位上一阶段安全总体表现及事故调查进展，以及其他需要领导层决定的安全事项，一般召开周期为1~2周。

②安全委员会例会。掌握运营单位安全管理体系的执行情况，确定总体安全工作进展，协调整体安全工作，并布置下一阶段安全任务，一般召开周期为1~2周。

③部门例会。各专业定期召开部门例会，对安全事项进行讨论、决策及总结。

(3)安全责任落实跟踪制度。

安全责任落实跟踪制度是按照安全工作职责分工，通过现场检查、座谈交流等方式手段，检查相关人员对于安全责任的落实情况，并进行跟踪反馈，一般工作周期依据责任执行周期进行确定。

(4)安全检查和隐患排查制度。

安全检查和隐患排查制度主要规定安全检查和隐患排查的具体内容、实现手段、工作周期、隐患记录、实施整改等内容。

(5)事故处理制度。

事故处理制度主要规定事故处置原则、事故处理机构设置、救援人员配备、现场处置流程及相关责任等。

(6)安全教育与培训制度。

安全教育与培训制度主要是指运营单位应对工作人员定期开展安全相关的教育、培训，建立教育、培训计划，并通过课程授教、实际操作、交流座谈等多种形式，保障工作人员具备安全工作能力。

(7) 工作人员考核制度。

工作人员考核制度主要是指运营单位通过理论知识考核及实际操作检查等方式,判断工作人员是否具备与其岗位相对应的工作能力,并需持证上岗。

(8) 档案管理制度。

档案管理制度是指运营单位建立包含会议记录、设备台账、运行记录、维修记录、检查记录、隐患记录、教育记录、培训记录、考核记录等在内的档案制度,保障档案的完整性、系统性和真实性。

2) 规范性文件

规范性文件主要是运营单位根据自身实际情况,发布实施的具有宏观性、原则性、指导性的管理办法和规定等。如《××市轨道交通/地铁公司关于强化运营安全责任的管理办法》《××市轨道交通/地铁公司关于开展落实安全责任制度工作的实施办法》《××市轨道交通/地铁公司关于施行安全检查制度的管理规定》等。

3) 操作规程

城市轨道交通操作规程主要是指运营单位为了保证本部门的生产、工作能够安全、稳定、有效运转而制定的工作人员在操作设备时必须遵循的程序或步骤。

我国城市轨道交通运营单位主要操作规程一般包括《城市轨道交通列车驾驶员操作规程》《城市轨道交通调度员操作规程》《城市轨道交通行车值班员操作规程》及《城市轨道交通设施设备维修规程》等。

4) 技术标准

城市轨道交通技术标准主要指企业针对在运营过程中的相关技术问题,编制的包含处置原则、处置方法、解决流程、处理内容等要求的标准。

我国城市轨道交通运营单位技术标准主要包括供电、车辆、通信、信号、土建、轨道等设施设备操作标准和维修标准,侧重安全方面的安全隐患排查标准、运营安全评价标准,侧重服务方面的服务质量标准等。

二、管理机构

2008年,国务院"大部制"机构改革后,根据《国务院办公厅关于印发交通运输部主要职责内设机构和人员编制规定的通知》(国办发〔2009〕18号)的相关规定,将原建设部指导城市轨道交通运营管理的职责,整合划入交通运输部。在机构调整、职能转变之后,城市轨道交通安全管理机构也随之发生了变化。从管理层次可分为国家、省、城市和运营单位四个层次。

1. 国家层面

在国家层面,为加强对全国安全生产工作的统一领导,促进安全生产形势稳定好转,2003年国务院安全生产委员会成立,负责研究部署、指导协调全国安全生产工作。2018年3月,根据第十三届全国人民代表大会第一次会议批准的国务院机构改革方案,设立应急管理部,负责组织编制国家应急总体预案和规划,指导各地区各部门应对突发事件工作,推动应急预案体系建设和预案演练。根据《国务院办公厅关于保障城市轨道交通安全运行的意见》(国办发〔2018〕13号),交通运输部负责指导城市轨道交通运营,拟订运营管理政策法规和标准规范并监督实施,承担运营安全监管职责,负责运营突发事件应对工作的指导协调和监督管理;指导地方交通运输部门监督指导城市轨道交通运营单位做好反恐防范、安检、治安防范和消防安全管理相关工作,根据应急预案调动行业装备物资为突发事件应对提供交通运输保障。公安部负责会同交通运输部等部门拟订城市轨道交通反恐防暴、内部治安保卫、消防安全等政策法规及标准规范并监督实施;指导地方公安机关做好城市轨道交通区域的巡逻查控工作,依法查处有关违法违规行为,加强对危及城市轨道交通安全的涉恐等情报信息的搜集、分析、研判和通报、预警工作,监督指导运营单位做好进站安检、治安防范、消防安全管理和突发事件处置工作。

2. 省、城市层面

在省级层面,省交通运输厅负责指导城市轨道交通安全管理工作。城市层面,城市轨道交通运营安全的管理主要由城市交通运输主管部门负责。但由于各地方管理背景、管理模式及管理特点等的不同,安全管理机构形式不一。有些城市由于轨道交通发展时间相对较短,因此尚未设立专门的管理机构,管理职能与其他相关管理机构并行。

3. 运营单位层面

城市轨道交通运营单位是城市轨道交通运营安全管理第一责任主体。目前在我国运营单位安全管理机构设置主要有分散式和集中式两种方式。

1)分散式

分散式方式将安全管理工作分成几块内容,每部分内容由一个管理机构负责,相互之间交叉少,设置特点为扁平型管理,各安全管理机构独立性强。如国内某城市轨道交通企业安全管理机构设置为典型的分散式,集团公司内部下设网络运营管理中心,以及车辆、客运、维保、通号等四个运营公司。在集团安委会的领导下,网络运营管理中心与四个运营公司为平级关系。各运营公司都分别设置了安全质量技术部,下设的分公司设置了安全质量技术室,相互之间独立性极强,并按照职责分工和业务领域划分,对应承担安全管理工作,形成了扁平型的分散安全管理架构。

2)集中式

集中式安全管理机构主要是指将安全管理工作由不同级别的部门进行统一管理,在集团层面(上级),主要由安全管理部门进行统一协调负责,在下设的运营公司层面(下级),主要由相关安全管理部门进行日常管理,具有很强的"自上而下"的管理特点。

如国内某城市轨道交通企业,集团公司下设安全质量部,主要负责集团层面的安全管理协调以及验收、评审等工作;运营公司设安全监察部,主要负责日常的运营安全管理工作,监督运营公司各中心(部)的安全管理工作。各项安全管理工作由运营公司统一管理,形成了树形的集中安全管理体系。

城市轨道交通运营单位安全管理机构设置如图9-2所示。

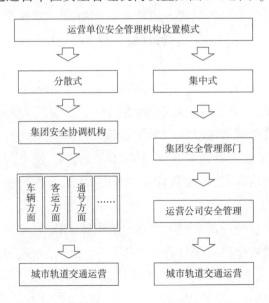

图9-2 城市轨道交通运营单位安全管理机构设置

三、安全管理手段

城市轨道交通安全管理手段主要包括安全检查、隐患管理、风险管理、安全技术和教育培训等内容。安全检查侧重从政府层面，通过检查发现运营过程中的安全管理问题；隐患管理侧重企业自身开展技术性检查，主要针对可能发生事故的安全隐患进行排查，并通过相关措施进行管理；风险管理是在安全检查和隐患管理的基础上，进一步对问题、隐患、风险进行评价、等级划分和控制；安全技术主要是指通过运用监测预警、应急处置等相关技术，实现事前预控、事中处理、事后处置的全过程安全管控；教育培训主要是指通过业务教育、技能培训、文化建设等途径，提高运营单位安全管理能力。城市轨道交通运营安全管理手段将在下节中进行详细阐述。

第三节　安全管理手段

一、安全检查

城市轨道交通安全检查通过专家检查、现场观察、座谈交流、现场测试等方法，发现运营过程中工作人员、运营设施、运行设备、运营环境、运营管理等方面存在的安全问题。

安全检查按照时间序列性质可以分为定期和不定期两类，主要形式包括日常安全检查、专业安全检查、季节性专项安全检查、节前安全检查及重大活动前安全检查。

安全检查主要指政府主管部门对于运营单位的安全性检查，侧重从管理层面发现安全问题，主要内容包含制度建立、执行、落实，体系构建、健全、完善，人员配备、工作能力、培训考核，运营合规性等内容，属于管理性检查，一般不涉及具体安全技术问题。

安全检查的过程一般是政府主管部门组织理论扎实、经验丰富的专家，按照城市轨道交通运营安全检查项目表列出的明细（表9-2），通过问询交流、现场检验、资料查阅等方法，判断运营单位在日常运营过程中是否满足检查项目的要求，发现存在的问题并提出整改要求，帮助运营单位提高运营安全保障能力。例如进行检查项目二试运营基本条件执行情况检查时，检查人员会通过资料查看和问询交流的方法,判断是否存在验收程序不够完善、规范,试运行时间未达到规定要求,遗留问题未完全整改落实等问题,并根据检查结果等提出具体意见和整改要求。

城市轨道交通运营安全检查项目表示例　　　　表9-2

检查项目	检查子项	检查内容
安全生产责任制落实情况	1. 安全生产责任体系建设和落实情况	1. 企业各级安全生产责任制度建设情况; 2. 安全生产管理机构设置及安全管理专职人员配备情况
	2. 执行纪律情况	1. 作业纪律、劳动纪律等制度建设情况; 2. 纪律考核情况
	3. 安全整改情况	1. 安全隐患排查情况; 2. 整改措施落实及责任追究情况; 3. 考核制度及落实情况
试运营基本条件执行情况	1. 已开通线路试运营评审情况	1. 试运营验收程序规范情况; 2. 试运行情况; 3. 遗留问题和整改情况
	2. 拟开通线路试运营筹备情况	1. 计划情况; 2. 筹备情况; 3. 人员培训情况
运营安全保障情况	1. 关键设备检修情况	线路、通信、信号、调度、供电、车辆、自动扶梯等设备故障记录、检修、整改及跟踪落实情况
	2. 应急预案情况	1. 各级各类应急预案制订情况; 2. 应急预案演练情况; 3. 应急队伍建设情况; 4. 应急物资设备储备情况
	3. 运营线路管理和安全保障措施	1. 运营线路检查检测情况; 2. 运营线路病害记录及处理情况
	4. 运输组织情况	运输组织方案编制及执行情况
	5. 现场处置和救援情况	已发生事故处置和救援情况
	6. 事故处理情况	1. 事故处理制度建立情况; 2. 事故统计记录情况; 3. 事故原因分析及处理整改情况

二、隐患管理

隐患管理主要指运营单位根据实际运营情况,侧重从技术层面定期排查、分析、整改可能造成事故发生的问题并跟踪落实,这也是我国城市轨道交通最为常用的保障运营安全的手段之一。隐患管理主要分为隐患排查、隐患统计分析、隐患整改、跟踪落实等内容。

1. 隐患排查

城市轨道交通隐患排查是指针对以往多发性或可能发生的事故,结合已有对事故成因分析的相关内容,明确设施设备运行中存在的漏洞或风险并形成隐患排查表。在此基础上,按照隐患排查表的要求,运用人工检查、测试检验等方法,排查设施设备运行隐患。

2. 隐患统计分析

隐患统计分析主要是指根据隐患排查结果,统计分析隐患类型、隐患发生频率、隐患危害等内容,建立包含运营过程中人员管理、土建设施、车辆基地、行车组织、客运组织、运行设备、运营环境、安全管理、应急管理等方面的安全隐患记录,以及重大安全隐患源台账。

3. 隐患整改

隐患整改是指在隐患排查和统计分析的基础上,针对不同系统、不同类型、不同频率、不同影响程度的隐患,通过人员、管理和技术等方面措施整改安全问题,杜绝安全隐患。

4. 跟踪落实

跟踪落实是在隐患整改后,为保障整改措施可以有效排除安全隐患,而采取的检查手段。一般主要针对重点安全隐患源的整改情况开展。

下面以某城市轨道交通运营单位隐患自我排查为例详述管理过程。运营单位通过组织内部技术人员或专家,按照城市轨道交通运营安全隐患排查项目表列出的明细(表9-3),通过现场检查、测试检验、查看记录等方法,侧重对设施设备安全技术方面的检查,查找系统运行中存在的问题。

例如在进行设备系统中供电系统隐患排查时,检查人员采用现场检查、测试检验、查看记录等方法,判断供电系统是否存在维修不到位、杂散电流防护措施不完善等问题,并对相关隐患进行总结分析,建立隐患记录和隐患源台账,提出整改方案。

城市轨道交通运营安全隐患排查项目表示例　　　　　表9-3

排查项目	排查子项	排查内容
安全管理	1.安全生产管理机构和人员	1.安全生产管理机构建立情况； 2.安全生产管理人员配备情况
	2.安全生产责任制	1.各级安全生产责任制建设情况； 2.各级安全生产责任制落实情况
	3.安全生产管理制度	1.安全生产管理制度建设情况； 2.安全生产管理制度落实情况； 3.对安全生产法规和管理制度掌握情况； 4.对各岗位安全生产管理规定掌握情况
	4.安全生产目标管理	1.企业安全生产工作方针、目标制定及层层分解情况； 2.企业安全生产年度规划制定情况； 3.企业安全生产目标考核情况
	5.安全生产经费投入	1.安全生产经费投入情况； 2.安全生产经费管理情况； 3.安全生产经费专款专用情况
	6.安全隐患管理	1.风险源辨识和控制情况，包括风险源有害因素辨识情况、员工对重大风险源有害因素、防范措施、事故应急措施掌握情况； 2.重大风险源、安全隐患上报备案、建档情况； 3.安全隐患排查工作情况； 4.安全隐患治理情况
	7.安全检查情况	1.安全检查制度建设、落实情况； 2.运营安全保护区管理情况
应急管理	1.应急队伍建设及应急装备	1.应急专、兼职抢险队伍建设情况； 2.应急专业器材、设备配备情况
	2.应急预案	1.运营突发事件应急预案情况； 2.自然灾害应急预案情况； 3.公共卫生事件应急预案情况； 4.社会安全事件应急预案情况

续上表

排查项目	排查子项	排查内容
应急管理	3. 应急演练	1. 年度应急演练计划; 2. 应急演练落实情况
	4. 大客流应急管理	1. 车站客流容纳能力情况; 2. 高峰时期,线路客流强度、断面客流负荷情况; 3. 应急情况下交通疏散保障情况; 4. 采取限流时,乘客告知情况; 5. 大客流应急处置及演练情况

三、风险管理

风险管理是城市轨道交通运营安全的重要基础,通过风险管理可实现运营安全风险的可查、可评、可控,从而有效保障运营安全。城市轨道交通运营安全风险管理意义主要体现在重点因素管理和运营全过程管理两方面。

(1)重点因素管理。人员、设施、设备、环境管理是组成城市轨道交通运营的重要因素,也是安全风险管理工作的主要对象,通过查找这些内容中存在的安全风险,进行深入分析研究并开展科学评价,全面认知风险的发生概率和损害程度,最终实现风险的有效控制。

(2)全过程管理。从城市轨道交通进入运营阶段开始,安全风险就时时刻刻伴随左右,而且具有不可完全消灭只可有效控制的特点。因此,需要进行全过程的管理,不断发现潜在安全风险点,并针对风险问题采取对应手段,实现全系统安全风险的有效控制。

此外,按照一般管理程序中发现问题、分析问题、评估问题及解决问题的要求,城市轨道交通安全风险管理主要包括风险辨识、风险评估及风险控制三部分内容。其中,风险辨识主要包含两个阶段:一是查找安全风险、发现安全问题阶段,二是对发现的安全风险进行分析研究的阶段;风险评估是对风险发生概率及损害程度进行的综合评价;风险控制是在上述流程的基础上,针对风险采取控制措施,以实现风险的有效掌控。

城市轨道交通运营安全风险管理是运营单位保障安全的重要手段,已逐步成为日常安全管理的核心组成部分。风险管理包含风险评估和控制的环节,既能实现对问题"轻重缓急"的科学分类,又能针对主要问题进行有效解决。

下面以城市轨道交通运营单位风险管理中风险评估为例详述管理过程。运营单位通过委托第三方具有专业资质的机构,运用其专业平台和专家资源,采用抽样法、检查表法、查阅法、专家座谈法、问卷调查法、观察检验法、现场测试法、模拟仿真法及统计分析法等方法,发现运营过程中人员、设施、设备、环境、管理等方面存在的问题。然后,根据城市轨道交通运营风险划分(表9-4),着重从发生概率和损害程度等角度,对各类问题进行分类分级,排列整改的先后顺序,为风险控制的次序和手段提供重要依据。

城市轨道交通运营风险划分示例　　　　表9-4

综合指标及指标说明			风险因素导致事故后果等级划分						
			1	2	3	4	5	6	7
损害程度	安全指标（人数）	死亡数	≥20	1~20	1	—	—	—	—
		重伤数	—	≥20	1~20	1	—	—	—
		轻伤数	—	—	≥20	1~20	1	—	—
	服务指标（时间）	系统中断	1天	几小时	<1h	<0.5h	—	—	—
		线路中断	1月	1周	1天	数小时	<1h	<0.5h	—
		车站中断	数月	1月	1周	1天	数小时	<1h	<0.5h
发生概率	一年发生≥365次		R1	R1	R1	R1	R1	R1	R3
	一年发生52~365次		R1	R1	R1	R1	R1	R1	R4
	一年发生12~52次		R1	R1	R1	R1	R1	R2	R4
	一年发生1~12次		R1	R1	R1	R1	R2	R3	R4
	一年发生0.1~1次		R1	R1	R1	R2	R3	R3	R4
	一年发生1×10^{-2}~0.1次		R1	R1	R2	R3	R3	R4	R4
	一年发生1×10^{-3}~1×10^{-2}次		R1	R2	R3	R3	R4	R4	R4
	一年发生1×10^{-4}~1×10^{-3}次		R2	R3	R3	R4	R4	R4	R4
	一年发生1×10^{-5}~1×10^{-4}次		R3	R3	R4	R4	R4	R4	R4
	一年发生1×10^{-6}~1×10^{-5}次		R3	R4	R4	R4	R4	R4	R4
	……								

四、安全技术

安全技术主要是指在整个城市轨道交通运营过程中,为有效防止事故发生,减少事故造成的伤害,而采取的各种技术、手段、装备及措施等。一般按照事故发生的时间顺序,可分为事故前的监测预警技术、事故中及事故后的应急处置技术。

1. 监测预警技术

城市轨道交通运营监测预警技术是通过各种技术手段和措施,监测系统运行的安全状态,并在发现危机情况时进行预警。一般按照对象分类,可分为人员类、设施类、设备类及环境类。

(1) 人员类监测预警技术。

城市轨道交通人员类监测预警技术主要包括针对大客流诱导的三色运营状态(Tricolor Operating Status,简称 TOS)技术,针对其他人员违规入侵的防入侵监测预警技术,针对乘客状态的视频监控技术,以及针对列车司机状态的监测预警技术。

①TOS 技术采用认知度高、易于识别的红、黄、绿三色来表达轨道交通的实时运营状态,实时监控城市轨道交通空间内各个断面和特定位置的客流密度和运营状态。

②防入侵监测预警技术主要包括基于电子探测(电子围栏)和红外探测原理的两类技术,分别利用电子脉冲电压稳定性和 LED 红外光,实现对入侵的监测预警。

③视频监测预警技术是利用视频技术探测设防区域,实时显示、记录图像,并可以实现检索和显示历史图像的监测预警技术。

(2) 设施类监测预警技术。

城市轨道交通运营设施类监测预警技术主要包括针对隧道区间结构变形和高架桥梁结构变形的监测预警技术。

①隧道区间结构变形监测预警技术主要包括:基于光纤光栅的隧道变形监测预警技术(Fiber Bragg Grating,简称 FBG)、基于三维激光扫描的隧道变形监测技术、基于光电的隧道变形监测预警技术。

②桥梁重要部件监测预警技术是通过传感器系统,实现对支座、梁体、墩柱、防撞架等关键设施温度、位移、裂缝等参数的在线监测和预警。

(3) 设备类监测预警技术。

城市轨道交通运营设备类监测预警技术主要包括:列车运行状态在线监测预警技术、车辆脱轨自动预警技术、列车防撞技术、直流电缆绝缘监测预警技术、电力运行状态监控预警技术,以及针对其他主要设备运行状态的环境与设备监测报警技术。

①列车运行状态在线监测预警技术可实现对列车运行过程中车辆平轮振动、轮对尺寸、主要设施设备温度以及相关部件噪声等内容的监测和预警。

②车辆脱轨自动预警技术利用列车轮轨接触关系,判断接触力变化,实现对脱轨的监测预警。

③列车防撞技术基于声传播技术和信号检测技术,利用车载设备实现列车之间的实时识别、测距和定位,从而达到防撞预警的目的。

④直流电缆绝缘监测预警技术是通过在电缆保护层安装的互感传感器,在线监测电缆电流情况,并对异常电流进行报警,实现监测预警。

⑤电力运行状态监控预警技术是以电力监控系统为载体,以计算机、通信设备、测控单元为基本工具,对供电系统进行实时监测和预警。

⑥环境与设备监测预警技术是以环境与设备监控系统为载体,综合利用计算机网络技术、数据库技术、通信技术、自动控制技术、新型传感技术等构成的计算机网络,对环境和设备状态进行监测和预警的技术。

(4)环境类监测预警技术。

城市轨道交通环境类监测预警技术主要涵盖火灾、危险气体、大风、暴雨和地震等方面。

①火灾监测预警技术通过火灾探测器变成电信号,传输到火灾报警控制器,并发出声光警报信号,启动消防联动设备。

②危险气体监测预警技术利用可以监测环境中存在的气体种类、浓度、成分、颗粒值等参数的传感器技术,对风险源进行实时监测预警,实现有效预防事故的目的。

③大风监测预警技术通过对于风速和风压两个方面进行监测,并通过数据传输、分析等手段,实现预警。

④暴雨监测预警技术利用红外雨水传感器对前风窗玻璃的雨量进行监测,单片机根据雨量监测探头接收器上输出的脉冲数来计算分析当前的雨量状况。

⑤地震监测预警技术主要是通过在线路沿线关键点布置的振动、位移、声波等相关传感器进行数据采集,并将数据传输到地震监控平台,实现地震的监测预警。

2. 应急处置技术

城市轨道交通应急处置技术是在事故发生后,为有效控制事故衍生状态,充分降低事故损伤而采取的技术手段或措施。根据应急处置对象,主要可分为通信保障技术、人员疏散技术及现场处置技术。

(1) 通信保障技术。

应急处置过程中的通信保障技术主要分为系统自身保障技术和应急平台两类。

① 系统自身保障技术主要包括公务电话系统、无线通信系统以及外部的射频通信系统等。

② 应急平台技术体现了辅助决策和快速传达功能。主要包含应急值守管理、应急预案管理、应急组织体系管理、应急救援资源管理、风险隐患管理、应急调度指挥、辅助决策、分析研判及事件推演、应急信息发布、预测预警、应急信息报送、视频及网上会商、综合评估、历史数据库管理、模拟演练等功能。

(2) 人员疏散技术。

人员疏散方面的技术主要包括仿真模拟技术和处置疏散技术。

① 仿真模拟技术通过仿真软件建立车站、隧道、高架区段等部位的人员疏散模型,模拟各种情况的突发事件发生时人员疏散的情况。

② 处置疏散技术是在突发情况发生后采取的人员疏散技术,主要包含隔离技术和引导技术。

(3) 现场处置技术。

现场处置技术主要包含系统自带技术和后处置技术两类。

① 自带现场处置技术的系统主要包括火灾自动报警系统(Fire Alarm System,简称 FAS)、环境与设备监控系统(Building Automation System,简称 BAS)、消防和给排水、通风设备等。

② 后处置技术是指在城市轨道交通系统内部人员疏散工作结束后,查找被困人员、恢复生产阶段所采取的技术措施。

五、安全教育培训与文化建设

1. 安全教育培训

城市轨道交通安全教育是进行事故预防与控制的重要途径。根据事故致因理论，如果要实现对事故的有效预防与控制，首先是采用技术手段辨识风险的存在，其次是评估风险发生概率及严重程度，再实施控制措施。而这些内容需要通过安全教育使人们具备相应的处置能力来实现。主要内容有：

(1) 安全态度教育。

主要包括思想教育和态度教育。

(2) 安全知识教育。

主要包括安全管理知识教育和安全技术知识教育。

安全管理知识主要包括企业的安全管理机构设置情况、安全管理制度建立情况、安全生产管理投入情况、安全心理学、安全人机工程学、系统安全工程等方面的知识。安全技术知识主要包括一般生产技术知识、一般安全技术知识和专业安全知识。一般生产技术知识主要涵盖企业生产情况、生产技术过程、作业方式流程等内容；一般安全技术知识主要涵盖电气设备、起重设备、危险物品使用等内容的安全知识；专业安全知识是从事作业的职工必备基本知识，主要包括本专业的安全技术、工业卫生及安全操作规程等。

(3) 安全技能教育和培训。

安全技能教育主要包括正常情况下和应急情况下的操作技能教育。而相应的培训则是人员岗前认证考核的必备条件，通过培训的人员将具备与岗位相应的安全能力。

(4) 安全宣传。

安全宣传是运营单位贯彻"安全第一、以人为本"思想的重要体现，主要针对乘客展开。企业应通过开展安全知识问答会、运营安全周，以及编制安全教育书刊、互联网安全网页等多种媒体形式，向乘客宣传安全教育内容，使乘客具备在应急情况下的自我保护能力。

(5) 持续再教育。

持续再教育是指在工作人员已经获得相应工作技能、并取得上岗资格证后，为了使工作人员持续具备工作技能而开展的教育工作。

(6) 事故案例分析。

事故案例分析是指通过将以往事故案例编制成册的方法，组织工作人员对以往发生的典型案例进行研究和分析，明确发生原因，吸取事故教训，避免发生同类事故。

2. 安全文化建设

城市轨道交通安全文化含义主要体现为物质、制度、行为、精神等4个方面。

(1) 安全物质文化。

安全物质文化是指为了有效保证人们的生活安全、生产安全,而以物质形态存在的条件、环境和设施的总和,是满足人们安全需求的各种物质财富总称。

(2) 安全制度文化。

安全制度文化是指为有效规范安全文化,而建立的法规、法令、标准和制度等,是安全文化中重要的组成部分。安全制度文化是协调各种文化因素的重要纽带。

(3) 安全行为文化。

安全行为文化是指人们借助一定的安全物质文化,在生活和生产过程中安全行为的表现,是对其他安全文化的充分体现。

(4) 安全精神文化。

安全精神文化是指全体成员所共同遵守,用于指导和支配人们安全行为,并以价值为核心的意识观念的总称。安全精神文化是整个安全文化体系的重要核心,也是连接其他安全文化组成部分的重要桥梁。

第十章 应急管理

保证城市轨道交通运营安全,不仅需要做好日常安全管理,而且还要做好突发事件的应急管理工作。城市轨道交通自身系统繁杂,技术要求高,运营环境封闭,安全风险高,救援难度大。城市轨道交通应急管理对保证城市轨道交通运营安全具有重要作用。需要系统、科学的应急管理体系来协调应急队伍,安排内部应急资源,最大限度地保护乘客生命和财产的安全。

第一节 应急管理概述

城市轨道交通应急管理是针对在运营过程中可能发生的突发事件进行日常管理和应急处置工作。主要内容包括建立应急管理的机构和队伍、建立应急预案体系、应急设备管理、事后的应急处置4个方面。

一、突发事件的定义

城市轨道交通运营突发事件是指在城市轨道交通运营线路上,因自然灾害、人为因素或设施设备故障等,造成城市轨道交通运营中断、人员伤亡和紧急转移安置、财产损失、乘客被困等危及公共安全的紧急事件。

二、突发事件的分类

按照发生的原因,城市轨道交通运营突发事件通常可分为自然灾害、运营突发事件、公共卫生事件、社会安全事件四大类。

(1)自然灾害,主要指因地震、恶劣天气(如台风、雨涝、冰雪灾害等)、地质灾害等影响城市轨道交通系统正常运营的突发事件。

(2)运营突发事件,主要指城市轨道交通系统内部的火灾、爆炸、大面积停电、设施设备故障、突发性大客流、列车冲突、列车脱轨、列车倾覆、踩踏、构筑物坍塌等突发事件。

(3)公共卫生事件,主要指发生在城市轨道交通系统内的恶性传染病疫情、食品安全与职业危害事件等。

(4)社会安全事件,主要指发生在城市轨道交通系统内的恐怖袭击、重大治安事件等。

三、突发事件的分级

城市轨道交通运营突发事件分为特别重大(Ⅰ级)、重大(Ⅱ级)、较大(Ⅲ级)、一般(Ⅳ级)4个等级。

(1)特别重大事件(Ⅰ级)包括:造成30人以上死亡(含失踪),或100人以上重伤;直接经济损失1亿元以上;超出省级人民政府应急处置能力。

(2)重大事件(Ⅱ级)包括:造成10人以上30人以下死亡(含失踪),或50人以上100人以下重伤;直接经济损失在5000万元以上1亿元以下;连续中断行车24h以上。

(3)较大事件(Ⅲ级)包括:造成3人以上10人以下死亡(含失踪),或10人以上50人以下重伤;直接经济损失在1000万元以上5000万元以下;连续中断行车6h以上24h以下。

(4)一般事件(Ⅳ级)主要包括:造成3人以下死亡(含失踪),或10人以下重伤;直接经济损失50万元以上1000万元以下;连续中断行车2h以上6h以下;其他运营突发事件。

第二节 应急机构和队伍建设

一、应急管理机构

当前,与城市轨道交通运营管理的层级架构对应,运营突发事件应急管理机构可分为三个层次。一是国家机构,即国务院或国务院授权交通运输部设立的城市轨道交通突发事件应急领导小组(以下简称"领导小组"),领导小组下设办公室等机构;二是省级、市级城市轨道交通突发事件应急机构,该机构比照国家级应急机构的组成和职责,结合本省、市情况确定;三是城市轨道交通运营单位突发事件应急机构，城市轨道交通运营单位应建立由单位主要负责人、分管安全生产的负责人、有关部门参加的突发事件应急机构。

目前，企业层级的应急管理机构设置主要有以下几种形式。

（1）层级型。由城市轨道交通运营单位主要负责人为总负责人，组建公司、部门两级应急系统。公司级包括单位主要负责人，分管安全生产的负责人，安全质量、设备管理、信息管理、对外联络、卫生管理、物资保障、人力资源等各部门负责人员；部门应急机构为应急管理工作的实施机构，并将应急工作延伸到基层班组。

（2）联动型。由城市轨道交通运营单位主要负责人为总负责人，将运营中发生的所有行车、设备、消防、治安等安全信息上报市级城市轨道交通控制中心，城市轨道交通控制中心组成联动中心，统一指挥相关部门处置各类安全应急工作。

（3）专职型。城市轨道交通运营单位建立应急救援管理指挥机构和专业应急救援队伍，主抓信息管理、应急管理、重大危险源管理、预案编制管理、应急培训、预案演练、救援物资管理、抢险指挥、专家库管理等工作，使应急救援工作贯穿于安全生产事故的事前预防、事中应急、事后管理中，形成安全生产应急救援工作的一套较为完整的工作、机制。

二、政府应急指挥机构

目前政府处置城市轨道交通运营突发事件的常设指挥机构主要是城市应急指挥中心。城市应急指挥中心根据本市轨道交通的线网规模、信息化发展水平和应急职能划分而定，可以设在线路控制中心、公共交通指挥中心或独立的线网指挥中心，主要承担收集突发事件信息，与城市各相关应急部门保持密切联络，并向市级领导报告突发事件的处置进展情况等工作。其主要职责如下：

（1）负责收集、处理运营单位级突发事件应急处理工作中数据和信息，并根据指挥中心的要求提供支持。

（2）组织、协调、调度城市内各相关部门参与应急处理工作。

（3）向城市内各相关部门及市应急办发布信息，为更高层级的应急处理提供决策依据。

三、运营单位应急队伍

运营单位应根据自身的发展规模、线路长度、人员情况和物资准备情况选择适合自身的应急管理体系，配备应急队伍。运营单位应急队伍由应急处理领导小组、突发事件指挥中心、应急处理救援队、车站应急处理小组、物资保障组、运输保障组和社会公共组组成。

1. 应急处理领导小组

城市轨道交通运营单位突发事件应急处理领导小组是非常设机构，在启动应急预案时，一般由运营单位负责人、运营生产部门、安全部门和物资保障部门负责人组成，运营单位负责人为城市轨道交通运营单位突发事件现场处理最高负责人。

领导小组的主要职责如下：

（1）负责突发事件应急处理的指挥和决策，指挥内部各部门或配合外部相关单位进行应急处理。

（2）在应急处理中随时保持与市政府有关部门和事件现场处置小组的通信联系。

（3）领导小组组长担任现场应急处理负责人。

（4）小组成员直接领导下属参与应急处理，向组长负责。

（5）负责组织应急处理人员的演练。

（6）负责突发事件处理后的检查、分析和改进工作。

（7）负责应急处理救援机构和工作组织方式的调整。

（8）负责应急处理救援队队长岗位人员变化的审批。

2. 突发事件指挥中心

城市轨道交通线路控制中心是城市轨道交通运营单位突发事件的指挥中心，作为突发事件信息传递的中枢，承担突发事件信息集散功能，保持与应急处理专业机构和各车站、列车、人员的联系。其主要职责如下：

（1）负责突发事件应急处理工作中的行车、电力、环控等调度工作，并根据现场应急处理负责人的需要提供支持。

（2）组织、协调、调度运营单位各部门之间的应急处理工作。

（3）向运营单位内各相关部门及市应急指挥中心发布信息，为应急处理提供决策依据。

(4) 协助、配合市应急指挥中心处理突发事件。

3. 应急处理救援队

应急处理救援队由各专业救援队组成。包括维修班组、车辆救援班组、抢险班组等，各专业救援队负责人一般由本专业的部长或负责人担任，队员包括各专业技术业务主管人员和安全检查或安全员。其主要职责如下：

(1) 协助现场应急处理负责人进行救援抢险工作。

(2) 作为城市轨道交通设备系统各专业代表，向现场应急处理负责人提供相关设施设备和救援抢险的技术支持。

(3) 提供救援抢险物资和器材的供给及运输、人员的运送等。

(4) 组织参与救援抢险工作、落实现场应急处理负责人的命令。

(5) 做好与外部支援之间的协调和配合工作。

应急处理救援队所有成员应随时待命，必须保证移动电话24h开机，尽量保持两种及以上实时通信联络办法，在接到紧急通知后尽快赶到事发地点集合，负责救援抢险物资、器材和装备的人员应赶赴存放地点集合。救援队每个岗位至少应有一名后备人员，以便接替进入待命状态。救援队配备的救援抢险物资、器材和装备必须专人、定点保管，保持良好的状态，随时投入使用。

4. 车站应急处理小组

车站应急处理小组一般由城市轨道交通车站的值班站长、值班员和其他人员组成，主要负责组织、指挥、实施车站救援抢险工作。值班站长统一负责车站应急处理小组和前来支援的其他车站人员。

5. 物资保障组

物资保障一般由运营单位物资部门负责，负责提供救援抢险所需的物资、设备和器材。

6. 运输保障组

运输保障一般由城市轨道交通运营单位后勤部门负责，负责提供运输救援抢险人员、物资的交通工具。

7. 社会公共组

社会公共组负责对新闻、广播等媒体的信息管理，还负责向新闻媒体或者城市轨道交通外部部门、机构发布突发事件的新闻信息，通过网站、微博等交换平台向公众和社会通报事件处理的进展情况。

第三节　应急预案管理

一、应急预案体系

1. 应急预案的层次

城市轨道交通系统应急救援体系的总目标是控制事态发展,保障生命财产安全,尽快恢复正常运营。城市轨道交通系统中可能发生的事故是多种多样的,可以针对不同事故的特点,制订具有较强针对性的专项应急预案。对应急预案合理地划分层次,是将各种类型应急预案有机结合在一起的有效方法。为了保证各种类型预案之间的整体协调和层次清晰,实现共性与个性、通用性与专业性的结合,宜采用分层次的应急预案体系。大体可以划分为三个层次:总体预案、专项预案和现场处置程序,其结构如图10-1所示。

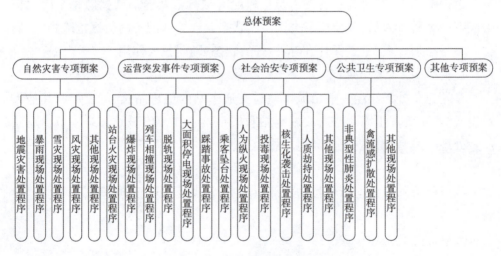

图10-1　应急预案体系结构

2. 应急预案的文件管理

从广义上说,应急预案是一个由各级预案构成的文件体系。它不仅是应急预案本身,也包括针对某个特定应急任务或功能所指定的工作程序等。一个完整的应急预案文件体系应包括预案、程序、指导书和修订记录,是一个四级文件体系。

二、应急预案演练

应急预案的演练是检验、评价和保持应急能力的一个重要手段。其作用体现为可在突发事件真正发生前发现预案存在的问题和缺陷,发现应急资源的不足,从而改善应急部门、机构和人员之间的协调,增加相关人员应对突发事件救援的信心和应急意识,提高应急人员工作的熟练程度和应急能力,增强各级预案之间的协调性和整体的应急反应能力。应急预案演练一般可分为桌面演练、实操演练两种。图10-2显示了应急预案和应急演练在应急管理中的关系,通过应急演练发现问题并不断优化和完善应急预案。

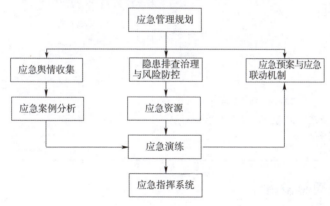

图 10-2 应急预案演练与企业应急管理的关系

第四节 应 急 设 备

为能保证紧急情况下乘客的人身安全,在列车和车站都安装有相应的应急设备,当出现紧急情况时,乘客可以通过应急设备进行报警或自救。

一、列车应急设备

一般情况下,列车上应配备的应急设备有紧急报警装置、紧急开门装置、灭火器、逃生装置。

紧急报警装置安装于列车的车厢内。一般情况下,列车的每节车厢至少安装两个紧急报警装置,包括报警按钮和紧急对讲器。当车厢发生乘客冲突、乘客昏厥、火灾等紧急状况时,乘客可以立即使用此装置通知列车司机,以便列车司机根据现场情况采取相关措施进行处理。紧急开门装置是在列车紧急停止列车车门无法正常打开情况下,乘客可以通过紧急开门装置打开列车车门,逃离列车。表10-1列出了列车应急设备的作用、位置、外观和使用方法。

列车应急设备作用、位置、外观和使用方法　　　　　　　　　　表10-1

设备名称	作 用	位 置	外 观	使用方法
列车紧急报警器	若列车上发生紧急事件,乘客可用紧急通信装置向司机通话报警	每节车厢有2~3个,一般位于车门侧方	圆形按钮,下有对讲设备,具体外观、颜色因不同线路列车有所区别	打开盖板按压按钮或直接按压"紧急按钮"可与司机进行通话
列车紧急开门装置	列车到站后,列车车门无法开启时使用	一般位于每个车门左侧或右侧立柱上	红色、方形,盖板内有手柄,具体外观因不同线路列车而异	列车停稳后,打开或拉掉盖板,按箭头方向拉下手柄或旋转手柄至解锁位,手动向两侧用力推开车门
车载灭火器	一旦发生火警,在力所及范围内可直接进行灭火	列车座椅下方,一节车厢有两个,俯身可见	与常见灭火器一样	解开皮带取出,上下摇动,拔去保险销,对准火源压下压把由远及近扑灭

二、车站应急设备

一般情况下,车站应配备的应急设备有紧急报警装置、消防装置、防爆设备、防化设备、防暴设备等,作用、位置、外观和使用方法见表10-2。图10-3和图10-4是防爆罐和灭火毯的外形图。

车　站　应　急　设　备　　　　　　　　　　表10-2

设备名称	作 用	位 置	外 观	使用方法
车站火灾报警装置	若乘客或工作人员发现火情,可用报警装置启动火灾报警	车站公共区域、设备房墙壁上	手掌大小、红色、四方形,上有"FIRE"字样	击碎玻璃,按动按钮即可报警
防爆罐	可防范及减弱爆炸物品爆炸时对周边人员及物品造成损伤	安检通道处,或车站公共区域内	防爆罐分为桶型和球型两种,配色依车站风格而定	将爆炸物放入防爆罐中,并锁死开关

续上表

设备名称	作　用	位　置	外　观	使用方法
站台紧急停车按钮	当车门、站台门夹人夹物、有人或大件物品掉落轨道时使用	站台墙壁上，靠近列车车头、车尾两侧	红色的四方小盒子，上锁，按钮为红色	击碎中间玻璃按压按钮即可
自动扶梯紧停按钮	扶梯上发生紧急情况需停止电梯运行时，可手动停止扶梯运行，避免发生更严重事故	电扶梯左右两端	硬币大小的红色按钮	按压红色按钮即可使自动扶梯紧急停止运行

图10-3　防爆罐

图10-4　灭火毯

各运营单位的常规应急设备类型和数量不完全一致，都是根据自身需求进行配置。常规应急设备主要存放在车站的控制室中，根据应急处置的需要由专人进行取用、登记和使用。绝大部分运营单位都未配备大型抢险设备，在发生重大安全生产事件时，需要从外单位调拨。部分城市轨道交通运营单位与持有大型抢险设备的公司签订了使用合同，保证在发生重大事件时能够第一时间调配大型抢险设备进行增援。

第五节　运营单位的突发事件应急处置

一、处置原则

（1）各相关部门处理运营突发事件必须执行高度集中、统一指挥的原则。

(2)分级处理的原则。发生运营突发事件,各相关部门应采取积极措施,迅速组织救援,尽快恢复运营。根据发生突发事件的隶属关系和突发事件的等级分类,按照分级管理原则予以处理。

凡发生重特大突发事件的,由城市轨道交通安全管理部门或者配合上级有关部门调查处理。发生较大突发事件或涉及两个单位以上的一般突发事件,由城市轨道交通安全管理部门具体负责调查处理;发生一般突发事件由各直属单位具体负责调查处理。

(3)坚持"先救人,后救物;先全面,后局部;先正线,后其他"的原则,优先组织人员疏散、伤员抢救,同时兼顾重点设备和环境的防护,将损失降至最低程度。

(4)应坚持就近处理的原则。突发事件发生时,在上一级突发事件处理负责人到达现场前,现场员工按表10-3的规定担任临时突发事件处理负责人;在上一级突发事件处理负责人到达现场后,则由上一级突发事件处理负责人担任现场指挥。

临时突发事件处理责任人　　　　　　　　　表10-3

序号	突发事件发生场所	现场临时突发事件处理负责人
1	列车上	本列车辆司机
2	若列车在车站时	所在站值班站长
3	车站	所在站值班站长
4	区间线路	行车调度员指定的车站值班站长
5	车辆段	车辆段调度
6	其他场所	现场附近职务最高的员工

(5)员工在突发事件处理过程中应兼顾现场的保护工作,以利于公安、消防和事件调查部门的现场取证。

二、信息报送

车站及运营线路上发生突发事件后的请示报告工作,是降低各类损失、减少突发事件影响、缩短救援时间的重要环节。

1.信息通报原则

(1)车站发生各类突发事件时,车站行车值班员应认真确认现场情况,迅速、准确、客观地向行车调度员报告。同时根据处置预案视不同情况向值班站长、站区领导、安全监察部及地铁公安分局管界派出所报告。

(2)逐级报告的原则。突发事件发生在区间时,列车司机应立即报告行车调度员。突发事件发生在车站内或车辆段内时,车站值班站长或车辆段调度员应立即报告行车调度员。

(3)现场情况一时难以判断清楚时,应遵循"先报整体情况,然后继续确认,随时报告"的原则。如发现已经报告的内容有误时,应立即予以更正。

(4)在迅速报告的基础上,对现场情况及处置过程应随时报告。

(5)履行报告程序时应避免对其他作业的影响。遇有处置预案未尽事宜时,应本着尽力保证安全、尽量减少损失、尽快恢复运营的原则,边请示报告边开展处置工作。

(6)在突发事件处理过程中,有关人员必须坚守岗位,加强监护,及时掌握并报告各类相关信息,严禁擅自离开指定岗位。

2. 信息通报流程

(1)发生立即需要外部支援的运营突发事件(如火灾、爆炸、人员伤亡等)时,按就近处理原则进行通报。

①如发生在车站或车辆段,现场人员有条件时应立即致电110、120,车辆段调度、车站值班站长、行车值班员接到报告后应立即致电110、120。

②如发生在区间,行车调度员接现场人员报告或设备监控系统报警后,由行车调度员或主任调度员报119、110、120。

③如发生在区间的列车上,司机(接现场人员报告后)立即报告行车调度员,由行车调度员或主任调度员报119、110、120。

(2)控制中心所通知的外部支援是指城市轨道交通公安分局、公交公司、城市人民政府交通运输部门、城市人民政府应急处理机构等,由主任调度员决定通知范围。

(3)救援队、控制中心分别为各相关部门在运营突发事件信息报告流程中的代表,分别向本部门相关人员进行通报。

3. 通报内容

以行车事故为例,发生事故时应实行逐级通报,其内容如下:

(1)发生时间(月、日、时、分)。

(2)发生地点(区间、百米标和上、下行正线)。

(3)列车车次、车组号、关系人员姓名、职务。
(4)事故概况及原因的初步判断。
(5)人员伤亡情况及机车车辆、线路等设备损坏情况。
(6)是否需要救援。
(7)是否影响邻线运行。
(8)其他必须说明的内容及要求。

三、突发事件现场处理

突发事件发生时,在上一级突发事件处理负责人到达现场前,现场负责人按就近处理原则担任现场临时突发事件处理负责人;在上一级突发事件处理负责人到达现场后,临时突发事件处理负责人交出现场指挥权,并配合上一级突发事件处理负责人开展救援工作。

发生突发事件时,控制中心在突发事件应急处理领导小组统一指挥下负责突发事件工作中的行车、电力和环控调度工作,承担突发事件信息集散功能,并对突发事件现场负责人的指令提供支持。

突发事件救援队为突发事件现场处理的具体实施机构,接到突发事件发生的通报后应迅速赶赴现场,在突发事件应急处理领导小组的指挥下,负责实施突发事件现场处理并提供相关技术支持。

四、责任判定

(1)运营突发事件责任按责任程度分为全部责任、主要责任、次要责任。负全部责任、主要责任则影响本部门的安全成绩。

(2)因供应商在城市轨道交通内进行设备维修、施工而造成的突发事件,列为供应商责任事故。

(3)各设备主管部门因设备质量等原因发生的突发事件一律统计在该部门的突发事件中,能确定责任的列为责任事故。如不能确定为哪个部门责任的,列为非责任事故。

(4)运营单位批准的技术革新、科研科目进行试验时,在规定的试验期内,如试验的项目发生突发事件,不列为责任事故。但由于违反操作规程以及其他人为因素导致突发事件的,仍列为责任事故。

（5）下列突发事件可列为非责任事故：

①因自然灾害等原因使设备损坏造成突发事件的。

②因人为破坏（经公安部门确认）造成突发事件的。

③列车火灾、爆炸以及线路上障碍物造成突发事件而判明非城市轨道交通部门责任的。

五、常见突发事件处理

1. 大面积停电的应急处理

（1）地铁线路停电时，应沉着镇静，稳定乘客情绪并维持秩序，尽力保证乘客安全。控制中心根据停电影响情况，组织抢修抢险，发布列车停运、急救和车站关闭命令，并及时将灾情向上级报告。

（2）车站工作人员应加强检查紧急照明的启动情况，巡查各部位如升降电梯中是否有人员被困等，根据控制中心命令清站和关闭车站。

（3）列车司机负责维持列车进站停车后，组织车上乘客向车站疏散。如果列车在区间停车，则利用列车广播安抚乘客，要求乘客不能擅自操作车上设备，并立即报告行车调度，按行车调度指令操作。

2. 火灾的应急处理

（1）车站发生火灾时的处理措施。

①车站立即向乘客广播发生火灾情况，暂停列车服务，并指引车站乘客有序地进行疏散，撤离车站。同时向控制中心报告，视火灾情况报119和120。

②组织人员进行灭火，关闭车站的各类电梯，救助受伤的乘客。

③列车司机接到车站火灾通知后，听从行车调度指挥，并通过列车广播系统做好乘客广播。

④控制中心接报后，立即执行车站火灾应急程序，严禁列车进入火灾车站，保持与列车司机和车站值班员的联系，并视情况报119和120。

（2）列车在站台发生火灾时的处理措施。

①司机开启客室门和站台门并通过列车广播安抚乘客，引导乘客疏散和使用列车的灭火器进行灭火自救并确认火灾位置，及时向车站和控制中心报告。

②车站接报后，立即广播通知乘客列车发生火灾情况，暂停列车服务。同时，组织人员进行灭火，引导乘客有序进行疏散，并视火灾情况报119和120。

③控制中心接报后,立即执行列车火灾应急程序,控制好列车间的距离,保持与列车司机和车站的联系,并视情况报119和120。

(3)列车在区间发生火灾时的处理措施。

①列车司机保持列车运行至前方车站后,开门疏散乘客,在运行途中通过列车广播安抚乘客,引导乘客使用车厢内的灭火器进行灭火自救,确认火灾位置并向车站和控制中心报告。

②如列车在区间不能运行,则应打开列车的逃生装置,引导乘客有序地往就近车站方向疏散。

③车站接报后,立即广播通知乘客,引导乘客进行紧急疏散,并安排人员前往事故列车接应列车司机,组织乘客进行疏散。

④控制中心接报后,立即执行列车火灾应急程序,控制好列车间的距离,保持与列车司机和车站的联系,并视情况报119和120。

3.特殊气象的应急处理

(1)特殊气象应急预案启动原则。以当地气象台发布的气象预警信号为准。在当地某区域气象台发布相应的台风和雷雨大风、暴雨、高温、大雾、雾霾和冰雹及寒冷气象预警信号后,由控制中心在受影响的线路范围内启动相应的特殊气象应急预案。

(2)相应的特殊气象应急预案如满足以下两个条件,控制中心可解除相应的特殊气象灾害应急预案,并向下令启动预案的领导汇报。

①当地某区域气象台解除相应的台风和雷雨大风、暴雨、高温、大雾和雾霾、冰雹及寒冷气象预警信号。

②控制中心确认受相应特殊气象影响的设备已全部恢复正常。

(3)停止某线路段运营的启动及解除程序。

①启动程序。当需要停止某线路段运营时,控制中心向运营公司最高负责人汇报,最高负责人下令启动。因特殊情况联系不上时,分别依次由运营公司分管安全、行车组织的负责人下令启动。

②解除程序。当达到恢复某线路段运营条件时,控制中心向运营公司最高负责人汇报,最高负责人下令恢复。因特殊情况联系不上时,分别依次由运营公司分管安全、行车组织的负责人下令解除。

(4)特殊气象发生险情的应急处理原则。

①抓住主要矛盾，先全面、后局部，先救人、后救物，先抢救通信、供电等要害部位，后抢救一般设施。

②根据需要，各部门积极合理地调动人力、物力投入抢险，在确保安全的情况下，尽快开通线路，恢复运营(含局部线路)。

③发生灾害时，应迅速准确地报告突发事件情况，确保信息渠道畅通。

④各部门、员工均应采取有效措施控制事态、减少损失，防止次生灾害的发生。

⑤贯彻抢险与运营并重、地铁运输与公交运输系统统筹兼顾的工作方针，在积极稳妥地处理突发事件的同时，按照总部相关规定最大限度地维持地铁运营或尽快恢复地铁运营。

4. 大客流应急处理

(1) 大客流的出现指因地铁周边环境影响或因设备故障导致设备能力不足等不可预见的情况，造成突发性进站、出站客流增大，超过车站设备承受能力的情况。

大客流可能出现的时间主要有节假日、特殊事件(如演唱会或体育赛事等)、恶劣天气、运营服务中断、意外事件、紧急事件等。大客流可能出现的地点主要有站台、站前广场、换乘通道、电动扶梯及步梯、楼梯、出入口、站厅等。

(2) 大客流的应急处理原则。

车站发生突发性大客流时，由值班站长负责现场客运组织，安排、监督各岗位的职责实施情况。主要工作有管理客流、车站清人、阻止乘客进入车站等。

①管理客流。在地铁公安协助的情况下，站务员、车站助理在入口处实行"分批放行"限制进站乘客；车站督导员关闭进站闸机及自动售票机；车站人员使用手提扬声器引导乘客；车站人员在重要的位置和入口设置单行走向。

②车站清人。值班站长请求行车调度员安排空车接载乘客；车站督导员播放清站广播；车站人员转换电扶梯运行方向来疏导站台、站厅客流。

③阻止乘客进入车站。值班站长请求行车调度员安排列车不停站；车站督导员关闭车站入口或指定该口为"仅供出站的出口"；车站人员摆放通告，在入口处对车站暂停服务和禁止人员进入的原因加以解释；车站人员停止到站台方向的电动扶梯。

5. 乘客受伤、晕倒、身体不适等应急处理

（1）乘客受伤应急处理。

①任何人员发现有乘客受伤,应及时上报值班站长。

②值班站长到现场查看乘客所在位置、受伤等具体情况；确认乘客状况、严重程度；通知车站综控室报控制中心；如有需要,采取急救；初步判断事件原因；如与设备有关,须先停用该设备并报故障报警中心；安排人员寻找目击证人。

③站厅或站台人员协助值班站长救助乘客,并现场寻找目击证人,记录事情经过。

④如有必要,值班站长应报控制中心召唤医护人员。

（2）乘客晕倒、身体不适应急处理。

①任何人员发现有乘客身体不适,应及时上报值班站长。

②值班站长到现场查看乘客所在位置、身体不适等具体情况；确认乘客状况、严重程度；如有可能,采取急救；初步判断事件原因；安排人员寻找目击证人；如乘客状况危重,通知综合控制室报控制中心。

③站厅或站台人员协助值班站长救助乘客,并现场寻找目击证人,记录事情经过。

④如有必要,值班站长应报控制中心召唤医护人员。

参 考 文 献

[1] 毛保华.城市轨道交通系统运营管理[M].北京:人民交通出版社,2006.

[2] 何静.城市轨道交通运营管理[M].北京:中国铁道出版社,2011.

[3] 徐新玉.城市轨道交通运营管理规章[M].北京:人民交通出版社,2011.

[4] 卢渝,金辰虎.我国城市轨道交通运营管理模式的发展趋势[J].现代城市轨道交通,2004(1):35-38.

[5] 毛保华.轨道交通网络化运营组织理论与关键技术[M].北京:科学出版社,2011.

[6] 李军.我国城市轨道交通运营管理模式的探讨[J].城市公共交通,2011(6):22-23.

[7] 曾建军.浅析网络化运营条件下城市轨道交通运营的组织架构设计[J].企业技术开发,2013,32(7):68-71.

[8] 全国城市客运标准化技术委员会.城市轨道交通运营管理规范:GB/T 30012—2013[S].北京:中国标准出版社,2013.

[9] 耿幸福,徐新玉.城市轨道交通行车组织[M].北京:人民交通出版社,2010.

[10] 费安萍.城市轨道交通行车组织[M].北京:人民交通出版社,2011.

[11] 阳东,卢桂云.城市轨道交通车辆检修[M].北京:机械工业出版社,2010.

[12] 林瑜筠,魏艳,赵炜.城市轨道交通信号基础设备[M].北京:中国铁道出版社,2012.

[13] 李漾.综合监控系统检修[M].北京:中国劳动社会保障出版社,2011.

[14] 勒世玢.城市轨道交通运营设备管理综议[J].科技资讯,2012(32):205.

[15] 王丽萍.浅谈城市轨道交通系统设备维保方式[J].科技信息,2013(12):472.

[16] 张凌翔.现代城市轨道交通系统的设备管理[J].城市轨道交通研究,2002(2):17-22.

[17] 何宗华,汪松滋,何其光.城市轨道交通通信信号系统运行与维修[M].北京:中国建筑工业出版社,2011.

[18] 广州市地下铁道有限公司.城市轨道交通综合监控系统研究与应用[M].北京:机械工业出版社,2013.

[19] 何宗华,汪松滋,何其光.城市轨道交通车站机电设备运行与维修[M].北京:

中国建筑工业出版社,2013.

[20] 何宗华,汪松滋,何其光.城市轨道交通土建设施运行与维修[M].北京:中国建筑工业出版社,2006.

[21] 蓝辉.地铁土建及装修工程常见病害及分析[J].城市建设理论研究,2012(31).

[22] 丁加亮.地铁工程防水施工技术探讨[J].城市建设理论研究,2011(30).

[23] 刘光武.城市轨道交通应急管理体系研究[J].铁路计算机应用,2012,21(5):3-5,10.

[24] 张震远.广州地铁线路维修管理模式研究[D].广州:华南理工大学土木与交通学院,2012.

[25] 宋维华,殷位洋.地铁运营安全的风险管理[J].城市轨道交通研究,2009(2).

[26] 陈铁,管旭日,孙力彤.城市轨道交通综合安全管理体系研究[J].城市轨道交通研究,2004(1):16-18.

[27] 赵惠祥.城市轨道交通系统的运营安全性与可靠性研究[D].上海:同济大学,2006.

[28] 刘天成.香港地铁公司成功的安全管理[J].世界轨道交通,2004(11):30-31.

[29] 毛儒.轨道交通安全风险管理[J].都市快轨交通,2007,20(4):7-16.

[30] 叶庆辉,李毅雄,陈波,等.城市轨道交通运营系统风险分析方法探讨[J].中国安全生产科学技术,2007(5).

[31] 蔡国强,贾利民,秦勇,等.基于模糊穴的铁路安全保障系统风险分析及其在沪宁线中的应用[J].中南大学学报(自然科学版),2005(8):849-854.

[32] 杨建伟,蔡国强.车辆运行状态测试设备间相对误差率分析新方法[J].计量学报,2006,27(1):91-96.

[33] 李为,李远富.地铁项目风险因素的识别与规避[J].铁道运输与经济,2005,27(12).

[34] 陈蕾.城市轨道交通引入RAMS管理的必要性[J].城市轨道交通研究,2007,10(5).

[35] 黄宏伟,叶永峰,胡群芳.地铁运营安全风险管理现状分析[J].中国安全科学学报,2008,18(7).

[36] 李雨霏.用事故树分析法透析轨道交通事故机理——由上海地铁十号线事故引发的探究[J].交通工程,2012,1(3):43-45.

[37] 马化洲.城市轨道交通线路轨道系统安全风险评价[D].北京:北京交通大

学,2011.
[38] 刘艳,汪彤,吴宗之.地铁运营事故风险中的乘客因素分析[J].应用基础与工程科学学报,2006,14(3):329-331.
[39] 王艳辉,祝凌曦.城市轨道交通运营安全管理方法与技术[M].北京:北京交通大学出版社,2011.
[40] 张勇.突发事件应急管理[M].北京:人民出版社,党建读物出版社,2011.